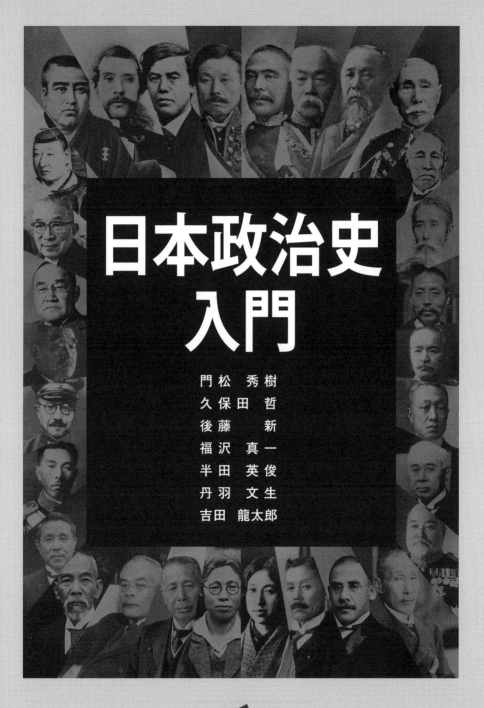

日本政治史入門

門松秀樹
久保田哲
後藤　新
福沢真一
半田英俊
丹羽文生
吉田龍太郎

一藝社

日本政治史入門

●

目 次

日本政治史入門

≪凡例≫

(1) 本書では、年代の表記は読者の皆さまの便宜を考慮し、西暦を主としつつ、日本の年号を部分的に併記しました。部分的としましたのは、各章・各節の事象・事件によっては、年代の表記が繰り返し出てくるので、煩雑になることを避けるためです。また、同様の理由で、同一節中もしくは同一段落中では、西暦の3ケタめと4ケタめを省略しています。

> 例：1890（明治23）年の議会開設を見据え、国内では政党が誕生する。「明治十四年の政変」直後の81年10月、板垣退助（土佐出身）が総理（党首）となり、日本初の政党である自由党が結成された。

(2) 日本が西暦を採用したのは明治5年からです。西暦（太陽暦）と日本の旧暦（太陰太陽暦）とでは起算方法の違いから1年の日数が異なりますので、明治5年以前の年月日を西暦に変換し併記しますと、例えば、徳川慶喜が大政奉還した日の記述は、正確には「慶応3年10月14日（1867年11月10日）」ということになります。

> ただし、本書ではそこまでの「正確さ」を採用しておりません。本書の執筆者はいずれも第一線の専門研究者ですが、読んでいただきたいのは、大学生の皆さまをはじめ、一般の読者の方です。そこで、年月日の表記は、上記のような「正確さ」を簡素化し、以下のような記述にしております。

> 例：1867（慶応3）年10月14日、徳川慶喜が大政奉還を上表したことで薩摩・長州両藩の討幕派を中心とする武力討幕にむけた策謀は無効化された。

(3) 掲載した図版は、いずれもパブリックドメインとなっているもの（日本版および英文版ウィキペディアを参照）を採用しております。

1：明治六年政変（「征韓議論図」1877年・鈴木年基作）⇒第3章・第1節

2：大日本帝国憲法発布（「新皇居於テ正殿憲法発布式之図」1889年・安達吟光画）⇒第4章・第2節

3：「長州ファイブ」と呼ばれた、幕末の長州藩が送った5名の英国留学生（右上が伊藤博文、左下が井上馨）⇒第7章・第1節

4：浜口雄幸内閣（中央が浜口、その右に幣原喜重郎外相、宇垣一成陸相）⇒第10章・第2節

5：犬養毅と蔣介石 ⇒第10章・第4節、第11章・第2節

6：高橋是清と斎藤実 ⇒第11章・第1節

7：近衛文麿第1次内閣（右から2人め手を組むのが近衛、その左が広田弘毅外相（元首相）⇒第10章・第2節

8：太平洋戦争末期、沖縄の戦い（1945年4〜6月。米軍の捕虜になった少年兵たち）

9：連合国に対する無条件降伏の調印（1945年9月。東京湾に停泊した米戦艦ミズーリ甲板上。最前に重光葵外相、隣が梅津美治郎参謀総長）

10：昭和天皇の戦後巡幸（1947年12月、広島市内。巡幸は46年2月〜54年8月、沖縄県〔当時はアメリカ統治下〕を除く全国に及んだ）

11：戦後物資不足のなか国会議事堂前にサツマイモを植える議会職員（1946年6月）。

12：講和条約調印（1951年9月、サンフランシスコ。連合国と平和条約。署名するのは吉田茂首相、右端は池田勇人蔵相）⇒第12章・第3節

13：鳩山一郎第2次内閣（右から3人めが鳩山首相）⇒第12章・第4節

1854年、ペリー艦隊再来日の際に随行した画家が描いた横浜上陸の様子。

第1章

西洋の衝撃と幕末の動乱

◈ 本章のキーワード ◈

- ☐ 天保の改革
- ☐ 「言路洞開」
- ☐ 将軍継嗣問題
- ☐ 安政の大獄
- ☐ 公武合体論

- ☐ 文久の改革
- ☐ 禁門の変
- ☐ 「一会桑政権」
- ☐ 薩長同盟
- ☐ 大政奉還

第1節 天保の改革 ── 幕府の失敗と西南雄藩の成功

　1840（天保11）年、東洋における大国であった清がアヘン戦争でイギリスに敗れたことは、長崎出島のオランダ商館長から『オランダ風説書』によって幕閣に伝えられ、大きな衝撃を与えた。当時、老中首座（徳川幕府の最高職である老中のうち最上位の者）として政権を担当していた水野忠邦※は、幕府をめぐる財政危機や欧米列強の接近などに対処すべく、41年より幕政改革に着手した。「天保の改革」である。

　「天保の改革」は、「人返し令」による農村の再興や、印旛沼・手賀沼の干拓による新田開発、株仲間の解散による物価統制、江戸・大坂近郊を幕府直轄の領地とする「上知令」など、その財政的側面に着目されることが多い。「天保の改革」を財政改革としてみた場合、いずれの政策も成果を上げるには至らず、「上知令」によって江戸・大坂近郊の豊かな土地を失うことになる旗本や譜代大名※※の反発のために、かえって水野の失脚をもたらすなど、「江戸幕府三大改革」の一つとされながら、失敗と評価されている。特に、同時期に薩摩藩や長州藩、佐賀藩※※※など、のちに明治維新を主導していく西南雄藩（西日本で大きな勢力を持った藩）の財政改革が大きな成果を収めたことと対比され、かつては「天保の改革」が失敗に終わったことは幕末の到来を象徴すると考えられていた。

※　1794〜1851。浜松藩（現在の静岡県浜松市にほぼ対応する地）藩主。
※※　旗本は、徳川家に直属し、1万石（こく）：米で換算した生産高）未満の俸禄（ほうろく）：給与）を受け、将軍への接見（お目見え）を許された武士。譜代大名は、旗本の中で、1万石以上の領地を得ていた武士（の家）。幕府創設以前からの徳川家の家臣が中心。
※※※　すべて「外様（とざま）大名」。外様は、上記のような「譜代」ではなく、幕府体制確立まで徳川家と主従関係のなかった武家。

2

しかし、海防体制の確立という観点から見た場合、個々の政策の評価もまた変わるのではなかろうか。例えば、「人返し令」は江戸への流民を防いで治安の回復を図ることを目的とし、また「上知令」は、外国兵力が江戸近郊に上陸した際に、大名領や旗本領が複雑に入り組んで防衛体制を構築できないという状況を解消することを目的としていたと考えることもできる。なお、高島秋帆※に命じてオランダ兵学に基づく西洋式の軍事演習を実演させるなど、「天保の改革」が海防体制の確立に力を注ごうとしていたことは指摘できよう。

もっとも、日本と欧米列強との軍事力の格差は認識されており、25（文政8）年の「異国船打払令」にみる強硬的な対外態度は英国の侵略を招く危険があるというオランダ商館長の助言に従い、水野は、いわゆる「天保の薪水給与令」（薪〔燃料〕や飲料水の提供を認める法令）を発して列強との軍事衝突の回避を図った。

❖•⋯ 西南雄藩の改革の実態

ところで、幕府の改革が失敗に終わり、西南雄藩の改革が成功を収めた理由はいくつか考えられる。

まず、改革の目的を限定できたか否かである。西南雄藩の改革目的は藩財政の再建にあり、その点に集中的に取り組むことができた。一方で幕府の改革は、財政再建と海防体制の確立という複数の目的の実現を目指した。例えば、「上知令」(前ページ参照)では、江戸近郊の防衛体制を確立するために幕府による支配の一元化を図ることが海防上の目的となるが、江戸周辺の豊かな地域を幕領に編入するのであれば、より豊かな地域である大坂周辺も対象に加えることで幕府税収の好転を図るなど、いわば「一石二鳥」を目論んだ。その結果、政策の目的が曖昧になり、改革に対する理解や支持を失うことにつながった。

また、西南雄藩の財政改革は、藩の負債の切り捨てと特産品等の専売体制の強化という、商人や領民に対して多大な負担を強いるものであり、実際には「借金の踏み倒し」に近い措置を断行している。さすがに幕府には「借金の踏み倒し」で負債を整理するような発想はなかったが、それゆえに財政再建を目指した徹底的な改革を進めることもまたできなかったといえる。

とはいえ、水野の失脚により改革はその成果を上げることなく中止された。その後、約10年を経て日本は「ペリー来航」というきわめて強烈な「西洋の衝撃（Western Impact）」を受けることになる。

ペリー（1794～1858）

※ 1798～1866。長崎出身。出島（でじま）のオランダ人から兵学（軍事理論）、特に西洋的な砲術（銃砲を操作する技術）を学ぶ。アヘン戦争の結果への危機感から幕府に進言。黒船来航後、幕府に仕え、砲術を幕臣に教授。演習の跡地が地名に残る（板橋区高島平）。

第2節 「ペリー来航」と幕政改革

阿部正弘(1819~57)

　水野の失脚と再起用など若干の曲折を経て、老中首座として幕政を主導したのは阿部正弘※であった。弱冠25歳で老中に抜擢されるなど、周囲の興望を担っていた阿部は、株仲間の再興など、水野の経済政策を否定する一方で、海防体制の構築は継承している。特に、海防掛に有能な人材を集めて外交・安全保障政策を担当させるなど、ペリー来航以前から海防には意を注いでいた。ちなみに、海防掛に抜擢されたのは、川路聖謨、岩瀬忠震、井上清直※※※や、江川英龍(坦庵)、永井尚志、大久保忠寛(一翁)※※※など、幕末期を代表する開明派の幕臣が多くを占めた。

　1853(嘉永6)年6月、アメリカ東インド艦隊司令長官のマシュー・C・ペリー率いる4隻の艦隊が、琉球を経て浦賀(現在の神奈川県横須賀市東部)の沖に姿を現した。「黒船来航」である。幕府は前年にはオランダ商館長よりペリー艦隊の来航を予告されており、その目的である通商条約締結の可否などについても海防掛が検討したが、開国拒絶の判断を下していた。一方、ペリーは対日研究を重ねた結果、いわゆる「砲艦外交」に出て、軍事的な威圧を加えることで、当時の幕府の常套手段であった「ぶらかし」と呼ばれる交渉の引き延ばしを封ずることを決意していた。

　ペリーの軍事的威圧を受けて、54年には日米和親条約を締結し、幕府は開国を余儀なくされるが、これは「開鎖問題」(開国か鎖国か)として国内における外交方針をめぐる対立を生じ、幕政にも多大な影響を与えた。阿部は挙国一致的体制の構築を図り、「開鎖問題」について親藩(徳川家一門と分家の大名)や外様大名、さらには、全国の武士や農民、町人に至るまで、幅広く意見を求めた。この姿勢は「言路洞開」として高く評価されたが、譜代大名や旗本による政治権力の独占が崩れ、西南雄藩や朝廷が政治勢力化して国政に介入するなど、実際には幕府による統治を弱体化させることにつながった。

❖❖❖ 将軍継嗣問題から「安政の大獄」へ

　さらに、「開鎖問題」と軌を一にするように、第13代将軍徳川家定の後継をめぐる「将軍継嗣問題」が生じていた。井伊直弼などの譜代大名を中心に、血統を重視して紀州徳川家の慶福(のちに家茂)を推す南紀派と、薩摩の島津斉彬や越前(福井)の松平慶永(春嶽)らの外様および親藩の有力大名を中心に、能力を重視して水戸徳川家出身の一橋慶喜を推す一橋派が対立を深めたのである。

　※　1819~57。福山藩(現在の広島県福山市を中心とする地)藩主。
　※※　以上の3人は下級旗本出身者。川路(1801~68)は、日露和親条約締結に尽力。勘定奉行。新政府軍が迫る江戸開城直前に自殺。／岩瀬(1818~61)は、日米修好通商条約締結に尽力。外国奉行。井伊直弼に疎まれ左遷後、病死。／井上(1809~68)は、川路の実弟。岩瀬とともに対米交渉を進めた。外国奉行、江戸町奉行。それぞれ、ロシアやアメリカの担当者から交渉力が評価されたという。
　※※※　江川(1801~55)は、伊豆地方を代々治めた家系。通称・太郎左衛門。高島秋帆より西洋砲術を学び、韮山(にらやま)、現・伊豆の国市)に反射炉を作り近代製鉄の基礎を築く。／大久保(1818~88)は、目付・京都町奉行・外国奉行などを歴任、新政府でも元老院議官。／永井(1816~91)は、長崎海軍伝習所総督・外国奉行・軍艦奉行を歴任。箱館戦争に加わり敗れるが、新政府でも重用される。

　松平慶永や島津斉彬ら一橋派の親藩や外様の有力大名の協力の下で挙国一致的体制の構築を図った阿部であったが、心労を重ねたためか、57（安政4）年に39歳の若さで世を去った。阿部の後は、洋学に深い関心を持ち、「蘭癖大名」と呼ばれた堀田正睦がその路線を継承した。米国総領事タウンゼント・ハリスとの交渉によりアメリカとの通商条約締結を図り、折しも高揚していた尊王攘夷論への対処のために孝明天皇の勅許を得ようとするが、天皇は攘夷論を支持していたため、堀田は朝廷工作に失敗する。

　南紀派の工作と家定の抜擢により大老（複数いる老中の上に置かれた臨時の最高職）となった井伊は、一橋派と連携を図る阿部の路線に否定的であり、堀田を罷免して譜代大名と旗本を中心とする従来の体制への回帰を図った。アメリカとの通商条約をめぐる交渉を引き継いだ井伊は、条約締結もやむなしと判断したが、勅許は必要であると考えたため、朝廷工作の間、条約交渉を引き延ばすように指示した。ところが、交渉を担当した岩瀬らは、即日で条約に調印したため、結果として無勅許で日米修好通商条約は締結された。これを井伊の失政と見た水戸前藩主の徳川斉昭や慶喜、慶永ら一橋派は井伊を厳しく詰問する。しかし、井伊はこの機を捉えて不時登城を理由に一橋派の排除を開始し、「安政の大獄」として知られる弾圧を行った。同時に、将軍家定の決定として将軍継嗣を紀州の慶福と定めるなど、一橋派に対して大きな打撃を与えた。

　60年3月、「安政の大獄」で大打撃を受けた水戸藩の尊攘派が中心となって登城途中の井伊を襲撃・暗殺する「桜田門外の変」が発生する。江戸城の目前で大老が、御三家※の関係者に暗殺されたという事実は、幕府の権威を徹底的に失墜させ、井伊が目指した譜代大名と旗本による政治権力の独占への回帰はほぼ絶望的な状況となった。

桜田門外の変

井伊直弼（1815～60）
彦根藩（彦根市を中心に現在の滋賀県北部を治めた）藩主。井伊家は徳川家譜代大名の中でも屈指の名門だった。

現在の桜田門（外桜田門）

出典（地図）：宮内庁ホームページ http://www.kunaicho.go.jp/about/shisetsu/kokyo/kokyo-map.html

桜田門外の変
安政7年3月3日（1860年3月24日）
井伊家の屋敷（「井伊掃部頭（かもんのかみ）」）の前から、桜田門（「櫻田御門」：当時は江戸城の一部）までは、500mほどの距離。この間に、18名の浪士（水戸脱藩17名、薩摩藩1名）が彦根藩の行列を襲撃し、井伊を殺害。双方に多くの死傷者を出した。当日は大雪だったという。現場は、今の警視庁の前。なお「掃部頭」とは、井伊家に与えられていた官名。

坂下門外の変
文久2年1月15日（1862年2月13日）
安藤は、負傷して命は助かったが老中辞職。襲撃した水戸浪士6名はその場で斬殺された。

※ 水戸藩（現在の茨城県北部を治めた）は家康の十一男・頼房が始祖。尾張藩（現在の愛知県・岐阜県南部、長野県南部を治めた）は同じく九男・義直に、紀州藩（現在の和歌山県・三重県西部を治めた）は同じく十男・頼宣に始まる。

第3節　京都政局の推移と「一会桑政権」

　「桜田門外の変」の後、幕政に当たったのは老中の安藤信正※と久世広周※※の両名であった。安藤らは幕府単独で政治的主導権を維持することを困難と見て、朝廷との提携により、天皇の権威を背景とすることで幕政の建て直しを図り、「公武合体論」に基づく政治運営を進めた（「公」は朝廷、「武」は幕府と諸大名を指す）。

　一方の朝廷においても、岩倉具視らが「公武合体論」を利用して、朝廷の権威回復と政治的影響力の拡大を図った。

　この結果、「公武合体」の象徴とするべく、第14代将軍徳川家茂（慶福）の御台所（正室）として孝明天皇の妹宮である和宮親子内親王を迎える、いわゆる「和宮降嫁」が進められた。安藤は、これにより幕政に批判的な尊攘派の取り込みが可能と見たようだが、和宮を「人質」として幕府が朝廷を圧迫していると受け止めた尊攘派はかえって反発を強め、江戸城に登城途中の安藤が水戸浪士らに襲撃される「坂下門外の変」（前ページの図参照）を引き起こし、安藤の失脚につながっていく。

　尊王攘夷論の隆盛と幕府の権威の低下は、朝廷の権威と政治的地位の急速な上昇をもたらしていた。このため、天皇や朝廷をめぐる政治的駆け引きが活発化し、政局の中心はしだいに江戸から京都へと移っていく。

　京都における政局で最初に主導権を握ったのは長州藩であった。長州藩重臣の長井雅楽（時庸）は、「攘夷・鎖国に回帰するのではなく、通商を拡大して日本の富国強兵を実現し、その上で日本の国威を海外に発揚すべきである」とする「航海遠略策」を主張して「公武合体論」の推進を図り、幕府や朝廷の要人の支持を得ていった。しかし、長州藩内において、吉田松陰門下の桂小五郎（のちの木戸孝允）や久坂玄瑞などの尊攘激派から反発を受け、また、朝廷においても尊攘派が勢力を拡大したこともあって、藩内の政治闘争に敗れた長井は自刃を命ぜられた。その後、久坂らが主導権を掌握した長州藩は、通商条約の破棄と鎖国体制の維持を目指す「破約攘夷」を主張し、三条実美らの尊攘激派の公家とも深い関係を築いて京都における政局の中心的存在となっていった。

三条実美（1837〜91）

❖❖❖ 「公武合体論」と文久の幕政改革

　一方、「公武合体論」を支持する有力者に島津久光がいる。斉彬（⇒第2節）の弟であった久光は、斉彬の没後に藩主となった実子の島津忠義（当時は茂久）を後見し、「国父」

　※　1820〜71。磐城平（いわきたいら）藩（現在の福島県いわき市周辺を治めた）藩主。
　※※　1819〜64。関宿（せきやど）藩（現在の千葉県野田市一帯を治めた）藩主。

と呼ばれて薩摩藩の実権を掌握していった。「公武合体論」の実現を掲げて上京した久光は、寺田屋事件※によって有馬新七ら藩内の尊攘激派を粛正し、孝明天皇やその側近である中川宮朝彦親王**の信頼を得た。

島津久光(1817〜87)

久光は幕府の体制刷新の必要性を主張し、これを受けた朝廷は大原重徳を勅使として江戸に派遣して幕政改革を要求した。

1862（文久2）年6月、勅使である大原を久光が率いる約1000名の薩摩兵が護衛して江戸に入り、幕政改革を強く要求した。外様大名の実父というだけの藩主でさえない者が勅使の権威を藉りて勅命として幕政改革を求めるなど前代未聞のことではあったが、安藤・久世の両名が失脚し、経験の浅い老中しかいなかった幕府はこれを受け入れざるを得なかった。

こうして進められた「文久の改革」では、慶喜の将軍後見職就任と春嶽の政事総裁職就任に代表されるように、一橋派が復権した。さらには、参勤交代の緩和なども実施されるなど、幕府の権威の低下に拍車をかけた。しかし、幕府もこの機会を利用して体制の強化を図った。例えば、軍制改革に着手し、歩兵・騎兵・砲兵から成る洋式陸軍の創設を目指したほか、蕃書調所を洋書調所（のちに開成所を経て東京大学の前身となる）に拡大して洋学研究の推進を図り、西周や榎本武揚（⇒第2章・第1節）らをオランダ留学に派遣するなど、人材の登用や育成に注力している。さらには、尊攘激派による「天誅」と称するテロ行為が横行する京都の治安維持のために京都守護職を新設し、会津藩主の松平容保***を任じている。

三条や久坂などの尊攘激派が主導権を握る朝廷では、家茂に上洛を命じた上で、条約の破棄や攘夷決行の確約を求めるなど、国際的な常識や慣行を一切無視した要求を家茂に突き付けていた。幕府は、京都の政局に対応すべく将軍後見職となった慶喜を家茂に先行して京都に派遣したこともあり、京都における政争は激しさを増していった。

一方、孝明天皇は家茂や幕府との提携を望んでおり、自らの意思とは異なる命令を「叡慮（天皇の考え）」として振りかざす三条らの言動に強い不満を抱いていた。天皇の側近である中川宮は、天皇が信頼を寄せる久光や容保らとともに朝廷内の尊攘激派と長州藩を一掃すべく、63年8月に政変（「八月十八日の政変」）を決行した。この結果、三条ら朝廷における尊攘激派の公家と長州藩の関係者は京都を追放された。代わって、慶喜や春嶽、久光、容保、宇和島前藩主の伊達宗城****、土佐前藩主の山内豊信（容堂）らを朝議参預（参予）に任じ、朝廷の政治的補佐を命ずることで、「公武合体論」

※　「寺田屋騒動」とも。1862年4月、京都伏見の船宿・寺田屋に集合し、朝廷における親幕府派の公卿・九条尚忠(ひさただ)と幕府重臣の殺害を企てた薩摩藩士・有馬新七(1825〜62)はじめ数十名が、島津久光が派遣した同じ薩摩藩士によって殺害・処分された。
※※　1824〜91。皇族。伏見宮(ふしみのみや)家(室町時代の崇光天皇にさかのぼる宮家)の出身。明治維新後、久邇宮(くにのみや)となる。朝彦親王の第三王子・邦彦王(くによしおう)の第一王女が、昭和天皇の皇后となった香淳(こうじゅん)皇后。
※※※　1836〜93。会津(現在の会津市を中心に福島県西部および新潟県東部などを治めた)藩主。京都守護職として、京都市中と周辺の治安を担った。会津藩の正規の藩士でない浪士らで編制された市中警備の別働部隊(「預かり」と呼ばれた)が、「新選組」。
※※※※　1818〜92。宇和島藩(現在の愛媛県宇和島市周辺を治めた)藩主時代、軍制の近代化を推進。初期の明治政府でも要職に就いた。

を基調として有力諸侯が提携し、議会的な政治的決定制度の確立を図る「公議政体論」が模索されることになった。しかし、政局における主導権をめぐって慶喜と久光が対立したことから、この「参預会議」体制は間もなく破綻する。

　64（元治元）年7月、京都における失地回復を図る長州藩は約2000名の兵力を上京させるが、会津藩などとの軍事衝突に発展し、京都を灰燼に帰した「禁門の変」※を引き起こした。この結果、長州藩は会津・薩摩両藩を中核とする幕府軍に敗れ、御所に向かって発砲したことを理由に朝敵（天皇に敵対する者）として討伐されることになる。

❖… 「一会桑政権」と政局の推移

　「参与会議」体制の崩壊後、孝明天皇の信任を背景に、慶喜と容保、そして桑名藩主で京都所司代を務める松平定敬※※が提携し、中川宮や関白※※※の二条斉敬とも協力して、京都政局における主導権を掌握した。慶喜を中心とするこの体制は「一会桑政権」（一橋・会津・桑名の三者体制）などと呼ばれる。「一会桑政権」の下で慶喜は朝廷工作を進め、1865（慶応元）年10月、日米修好通商条約締結以来の懸案であった条約の勅許を得ることに成功する。また、「禁門の変」によって朝敵となった長州藩の征討を64年8月より進めるが、このときは、征討軍参謀となった薩摩藩の西郷隆盛らの交渉によって長州藩が謝罪・恭順を申し入れてきたため、実際の戦闘には至っていない。

　慶喜を中心とする政局の運営を有力諸藩の連合政権へと転じさせることを図った久光および薩摩藩は、しだいに「一会桑政権」と距離を保つようになっていった。一方、長州藩内部では、幕府への恭順を決定した藩上層部に対して高杉晋作らがクーデターを決行して藩政の主導権を掌握すると、幕府との対立色を強めていった。恭順の実を示さない長州藩に業を煮やした幕府は、65年11月に諸藩に対して再度の長州征討を命じた。

　ところが、幕府および「一会桑」に対する不信を深めていた薩摩藩は、長州藩との提携を模索し、66年1月に秘密裏に土佐藩出身の坂本龍馬の仲介で「薩長同盟」を締結して長州藩の支援を約束していた。諸藩の戦意が振るわない中で強行された長州再征討は、各地で劣勢となるなど幕府は苦戦を強いられ、66年7月に大坂城で将軍家茂が病没したこともあって、慶喜は休戦を決意する。

坂本龍馬（1836～67）

※ 「禁門」とは京都御所（皇居）の門のこと。具体的な激戦地である御所西側の門にちなみ「蛤御門（はまぐりごもん）の変」ともいう。

※※ 1847～1908。桑名藩（現在の三重県桑名市周辺を治めた）藩主。会津の容保は実兄。京都所司代は、幕府初期より京都市中の治安を担った重職で、以前は譜代大名の職文。前ページのように、尊攘派の動きが激化した結果、上位の京都守護職が新設された。（⇒第2章・第1節）

※※※ 成人した天皇を補佐し、政務を行う重職。平安時代に確立し、藤原氏の嫡流である近衛家・一条家・九条家・鷹司家・二条家の五摂家（ごせっけ）の当主が継承した。未成年の天皇を補佐するのは摂政（せっしょう）。関白・摂政とも、江戸時代全般を通じ政治的実権はなかったが、ペリー来航以降、幕政が混乱し、尊攘思想の高まると、西南雄藩などの政治勢力にその地位を利用された。

第4節 大政奉還と江戸幕府の終焉

　家茂の病没を受けて慶喜 (⇒第2節) は第15代将軍となるが、1866（慶応2）年12月に孝明天皇が病没したことで天皇という最大の後ろ盾を失う打撃を受けた。しかし慶喜は、新たに践祚※した睦仁親王（明治天皇）の下でも政治的主導権の確保を目指して活発に活動を続ける。67年5月には、朝廷の命によって久光・春嶽・宗城・容堂が将軍となった慶喜を補佐することを目的に「四侯会議」が開かれるが、長州処分問題などで慶喜と久光が対立を深め、ほどなく「四侯会議」は瓦解する。慶喜は久光を抑え込むことに成功するものの、これ以降、薩摩藩は倒幕へと舵を切っていく。

　幕府権力の再確立を図る慶喜は、フランスから軍事顧問を招聘した上で軍制改革を進め、また、フランス公使レオン・ロッシュの助言を受けて税財政改革や内閣制をモデルとする老中の政務分担を進めるなど、広範な改革に着手する。慶喜が進める慶応の改革は、慶喜自身の高い政治的手腕もあり、倒幕を目指す薩長両藩の志士たちには大きな脅威と捉えられていた。

　一方、朝廷においても、和宮降嫁に対する批判から失脚していた岩倉や明治天皇の外祖父に当たる中山忠能らが、朝廷による政治的実権の掌握を目指して倒幕に向けた工作を進めており、西郷や桂、大久保利通などの薩長両藩の討幕派と連携を深めていた。67年5月末には土佐藩における討幕派の乾退助（のちの板垣退助）らが西郷と薩土密約を締結し、9月には薩長同盟に芸州藩（広島藩）を加えた薩長芸三藩盟約が締結されるなど、薩長両藩を中心とする倒幕の動きは加速していった。

　しかし、土佐藩では藩の実権を掌握している容堂が幕府支持の姿勢を鮮明にしていたこともあり、重臣の後藤象二郎は討幕派の勢力拡大に危機感を覚え、大政奉還による平和裡の政治体制の変革を容堂に建言した。西郷や大久保などの討幕派が活動を活発化させる中、容堂を通じて大政奉還の建白を受けた慶喜はこれを了承し、10月14日に朝廷に対して大政奉還を建白した。これにより江戸幕府は260年余りに及ぶ歴史を閉じることになったが、その同日に薩長両藩に下された「討幕の密勅」を無効化するなど、慶喜の行動は討幕派の行動の機先を制したのである。

[門松 秀樹]

徳川慶喜(1837～1913)

大政奉還の図
徳川慶喜が、京都・二条城で、在京各大名家の重臣を集め、政権を返上する意思を表明した場面の想像図（邨田丹陵画、聖徳記念絵画館）。

※ 皇室に伝わる神器を継承して、天皇の地位を受け継ぐこと。践祚ののち、儀式に則って、天皇の地位につくことが「即位」。現在は、全体を通して「即位」と呼ばれる。

1869（明治2）年5月、戊辰戦争
終結を決めた箱館戦争。左が旧幕府
軍、右が新政府軍を描いた想像図。

第2章

明治政府の成立と「近代化」の道

❧ 本章のキーワード ❧

- □「王政復古の大号令」
- □ 小御所会議
- □ 奥羽越列藩同盟
- □ 政体書
- □ 職員令

- □ 太政官制
- □「民蔵合併／分離」
- □ 府藩県三治制
- □ 版籍奉還
- □ 廃藩置県

第1節 戊辰戦争という内戦 —— 徳川幕府から新政府へ

❖❖❖ 大政奉還後の政局 ——「王政復古の大号令」

　1867（慶応3）年10月14日、徳川慶喜が大政奉還を上表したことで薩摩・長州両藩の討幕派を中心とする武力討幕にむけた策謀は無効化された。さらに朝廷は、700年近くもの間、全国統治を行う政権としての実態を失っていたため、政権の返上を受けたことに十分な対応ができず、全国の大名が上京して新体制発足の目途が付くまでとの期限を設定はしたが、慶喜と江戸幕府に再び政権運営を委任せざるを得ない状況であった。朝廷においては佐幕派の中川宮朝彦親王と摂政・二条斉敬（⇒第1章・第3節）が依然として有力な地位にあることを考えると、朝廷を中心とする新体制が発足しても慶喜が重要な地位を占めることは明らかであるように思われた。武力討幕を試みた薩摩の西郷隆盛や大久保利通、長州の木戸孝允（桂小五郎）、公家の岩倉具視らは、こうした状況を打破するために再び工作を進める。

　12月9日、薩摩・土佐と、芸州・越前・尾張※の5藩の兵力が結集して、御所の警備に当たっていた会津藩兵を立ち退かせて代わって御所の警備に就き、佐幕派の要人を御所から締め出した上で、岩倉らは「王政復古の大号令」を発した。これにより、将軍・幕府や摂政・関白などの廃止と、総裁・議定・参与の三職を中心とする新政府の樹立

※「芸州」（安芸（あき）広島藩）は、現在の広島県の大半を治めた大藩。浅野家。外様（とざま）だが徳川家との縁は深い。「越前」は、福井藩。福井県北部を治め、多くの松平家の中でも「御家門（ごかもん）」筆頭として高い家格を誇った名家。「尾張」は尾張徳川家。愛知県と岐阜県南部などを治めた、親藩の第一。紀州・水戸とならぶ「御三家（ごさんけ）」の中でも最高位。

が宣言されたのである。

　同日夜、明治天皇出御の下で開催された「小御所会議」※ において岩倉ら討幕派は、その場に不在の徳川慶喜に対して「辞官納地」、すなわち官位と領地の朝廷への返上を要求する。討幕派は依然として強大な政治的影響力を保持する慶喜の無力化を図ったが、松平春嶽（慶永：越前前藩主）や山内容堂（豊信：土佐前藩主）、さらには尾張徳川家の徳川慶勝※※らの反対を受けて議論は紛糾した。

西郷隆盛（1828〜77）

　春嶽や容堂、慶勝など、大名を中心とする議会を設置して国政の運営を図る「公議政体派」と呼ばれる勢力は、討幕派とは一線を画しており、むしろ議会には最大の大名である慶喜を加えることが政治的安定をもたらすと考えていた。このため、小御所会議で「辞官納地」が決定されるも、公議政体派が強力に巻き返しを図ったことで、12月末には「辞官納地」後は慶喜を議定として新政府に迎えることが決定されるに至った。慶喜の政治的地位は回復しつつあり、討幕派は窮地に立たされつつあった。

❖❖❖ 旧幕府軍の敗北と討幕軍の勝利

　公議政体派に奪われつつあった政治的主導権を奪回するため、討幕派は強硬手段を取った。西郷の指示により、薩摩藩を後ろ盾とする浪士らが江戸で強盗・放火・略奪・暴行などの悪事の限りを尽くして旧幕府側を挑発したのである。江戸市中警備に当たっていた庄内藩※※※藩兵らによって薩摩藩邸（現在の港区芝にあった）が焼討ちされ、その一報が京坂の旧幕府側に伝えられると、激昂した旧幕臣や会津・桑名藩兵 (⇒第1章・第3節)は薩摩藩の討伐を要求し、慶喜の制止を押し切って京都に向かって進軍を開始した。

　68（慶応4）年1月3日、京都郊外の鳥羽・伏見で薩長両藩兵と旧幕府側が衝突したことで「鳥羽・伏見の戦い」が勃発し、ここに約1年半に及ぶ内戦である戊辰戦争（この年の干支が「戊辰」であることによる命名）が始まった。旧幕府側は約1万5千名と、薩長両藩の約3倍の兵力を擁していたが、諸藩の連合である上に指揮命令系統が統一されていなかったことや、戦闘を想定せずに行軍隊形のままで戦いが始まったことなどから劣勢に陥った。慶喜は、松平容保や定敬、板倉勝静※※※※、永井尚志 (⇒第1章・第2節) など旧幕府側の幹部を引き連れて、1月6日夜に秘かに大坂城を脱して、幕府軍艦「開陽」

徳川家の諸侯たち
4人は兄弟。尾張徳川家の支藩・美濃高須（たかす）（現在の岐阜県海津市）藩主・松平義建（よしたつ）が父。右から、慶勝（尾張藩）、茂徳（もちなが・一橋家）、容保（会津藩）、定敬（桑名藩）。それぞれ、御三家・御三卿や、親藩の養子に入って大名となり、明治維新後は、華族となった（明治10年頃撮影）。

　※　「小御所」は、京都御所内にあった建物。天皇が幕府の使者と対面する際などに使われた。会議には、薩摩・土佐・芸州・越前・尾張の藩主（または事実上の藩主）のほか、岩倉ら有力公家と、薩摩藩士の西郷・大久保らも参加。
　※※　1824〜83。右上の写真説明を参照。
　※※※　徳川家譜代の名門の一つ酒井家が、現在の山形県鶴岡市周辺を治めた藩。「預かり」として江戸市中取締りの浪士隊「新徴組」が所属。
　※※※※　1823〜89。備中松山藩（現在の岡山県高梁市周辺を治めた）藩主。老中。「寛政の改革」で知られる松平定信（奥州白河藩主）の孫。

で海路江戸に戻った。慶喜の東帰を知った旧幕府側は戦意を失って総崩れとなり、さらに鳥羽・伏見における戦勝によって新政府の政治的主導権は完全に討幕派が掌握した。1月7日には慶喜を「朝敵」とする追討令が発せられ、有栖川宮熾仁親王（⇒第3章・第3節）を総督とする東征軍が進発するなど、新政府は旧幕府側に対する攻勢を拡大した。

勝海舟(1823〜99)

　江戸では主戦派と恭順派が対立したが、慶喜が寛永寺で謹慎するなど徹底的な恭順姿勢を示して勝海舟※（義邦、のち安芳）や大久保忠寛（一翁　⇒第1章・第2節）らの恭順派に後事を託したこともあり、恭順派が主導権を掌握した。勝と西郷との会談の結果、3月14日に江戸城の開城が決定されるが、主戦派は江戸を離れて各地で新政府軍に抗戦した。

　一方、慶喜と並んで朝敵となった会津藩や庄内藩に対して、朝敵指定を薩長両藩の私怨によると見た東北諸藩は会庄両藩の宥免を新政府に嘆願するが、これを一蹴されたため、越後諸藩とも提携して奥羽越列藩同盟を結成し、新政府に対抗する姿勢を示した。こうして戊辰戦争の戦火は東北・北陸に拡大し、長岡藩（現在の新潟県長岡市周辺を治めた藩）との間の北越戦争、会津藩との間の会津戦争、庄内藩との間の秋田戦争（庄内戦争）が戦われたが、8月から9月末にかけて長岡、会津、庄内の各藩は新政府に対して降伏・恭順したため、東北・北陸地方における戦いは終焉を迎えた。

　しかし、旧幕府海軍の一部を率いて脱走した榎本武揚※※らは、各地で佐幕勢力を収容しつつ北上し、10月末に蝦夷地（北海道）に上陸した。箱館（函館）を占領し、松前藩を破った榎本らに対して新政府も征討軍を派遣したことで「箱館戦争」が勃発するが、69（明治2）年5月に五稜郭で榎本が降伏したことで戊辰戦争は完全に終結した。

榎本武揚(1836〜1908)

　戊辰戦争を、旧幕府と新政府の内戦と見なした欧米列強は局外中立を宣言していたが、新政府が優位に立った68年12月末に局外中立は解除され、列強は新政府を日本の正当な政府として承認した。戊辰戦争における勝利は、国内に対してのみならず対外的にも明治政府の基盤を確立することにつながったといえよう。

第2節　明治政府の出発 —「太政官制」と「府藩県三治制」

　戊辰戦争と並行して明治政府はその基盤の確立に乗り出す。政府機構の整備が進められ、1868（明治元）年1月、三職（総裁・議定・参与）の下に行政を担当する神祇・内国・

　※　幕臣。最初は蘭学者として認められる。長崎でオランダ人から航海術を学び、幕府使節と共に咸臨丸（かんりんまる）艦長として渡米。幕府海軍の充実に尽力。坂本龍馬はじめ諸藩の志士とも交流を持った。明治新政府でも海軍卿・枢密顧問官などを歴任。
　※※　幕臣。長崎で学び、幕命でオランダ留学。軍事、化学を修め英仏にも渡航。本文のように、新政府軍と抗戦・降伏後、投獄されるが、国際経験を認められ、赦免。その後、特命全権公使としてロシアと交渉。また、通信・文部・外務・農商務などの大臣を歴任。

外国・海陸軍・会計・刑法の各事務科と、政府機構の整備を担当する制度寮を置く三職七科制が整備されるが、翌月には、行政事務全体を統括する総裁局を追加し、七科を「局」に改称した三職八局制へと改組された。

左が、福岡孝弟（1835〜1919）。隣は、佐賀出身の江藤新平（⇒第3章・第1節）。1872年、江藤が司法卿時代、福岡が司法大輔としてとして、司法改革を試みるが薩長閥に阻まれ挫折。

さらに閏4月には、土佐藩の福岡孝弟と肥前藩の副島種臣（⇒第3章・第1節）が中心となって政府の基本方針を定めた「政体書」をまとめ、これに基づいて「政体書」官制と呼ばれる政府機構への改編が行われた。「政体書」は、3月に発布された「五箇条の御誓文」を統治の基本方針として示しつつも、アメリカ合衆国憲法などを参考としてまとめられたこともあり、太政官と称した政府に議政官・行政官・刑法官を設置して、不完全ながらも立法・行政・司法の三権分立を志向したほか、政府の要職者を選挙で選出することを規定するなど、欧米各国の政治制度の導入を意図した内容となっていた。また、地方の統治機構として、政府直轄地に府・県を、大名領に藩を置く「府藩県三治制」を規定している。

「政体書」などで示された政府の「近代化」推進に対して、公家や大名たちなどの保守層は批判的な姿勢を示した。このため、69年7月に定められた「職員令」によって政府機構は大幅に改変されることになる。「職員令」では、「王政復古」のスローガンに応じて律令における官制の復活が掲げられ、省や寮、司などの行政組織や、卿、大輔・少輔などの官職についての名称が復活している。もっとも、奈良・平安期の行政組織が19世紀後半の社会に適応するはずもなく、復活は名称に留まり、実際には「近代化」推進に必要な組織の設置・改編が続けられていく。

❖❖❖ 「政体書」から「職員令」へ

ところで、なぜ「政体書」から「職員令」への変更が必要になったのだろうか。「維新の三傑」をなどと称される西郷・木戸・大久保など、志士や各藩の下級武士を中心とする人々が政府の主導権を最初から掌握していたような印象があるかもしれないが、明治政府発足当初において、政府を支える権威として一般の庶民に対して広く影響力を有していたのは、公家や大名など、江戸時代において高い身分にあった人々の存在であった。「維新の三傑」たちは、明治政府における中心的な人物であるかもしれないが、当時の庶民にとってはほぼ無名の存在に等しかったのである。このため、政府を維持していくためには、公家や大名の不満を無視することができなかったと考えることができる。

なお、「職員令」によって中央政府機構として整備された太政官制は、その後に数度の改変を経るものの、1885（明治18）年に内閣制（⇒第4章・第1節）に代わるまで維持され、

三職七科制、八局制、「政体書」官制と目まぐるしく変転した政府機構も、一応の安定を見ることになったのである。

第3節 近代化をめぐる対立

❖⋯ 「築地梁山泊」グループによる改革

「志士」から「改革派」へ
前列中央が大隈重信、向かって右が井上馨、向かって左が伊藤博文。大隈31歳、井上33歳、伊藤28歳頃。まだ、散髪脱刀令（1871（明治4）年）公布の前で、それぞれ結髪し、帯刀している。

　明治政府は発足当初から「近代化」政策を強力に推進したという印象があるかもしれないが、前節に見たように、政府内において一定の影響力を有していた保守層に配慮しなければならなかったため、単線的に「近代化」政策を推進したわけではない。例えば、明治政府が最初に制定に着手した刑法である「仮刑律」やそれを受けた「新律綱領」、「改定律例」などは、その名称から推測されるように、古代の律令や江戸幕府による「公事方御定書」、各藩における刑罰規定などを基に編纂されている。

　その一方で、政府内において、可能な限り早く欧米各国をモデルとする新制度を採用・定着させ、日本の「文明」化を進めようとする急進的改革派も活発に活動しており、保守派や、急進的改革を望まない漸進的改革派との対立や衝突の中で、総体的には「近代化」が進んでいくというのがこの時期の実相といえるのではないか。

　「職員令」によって整備された行政機関のうち、内政を管轄する民部省は、設置後まもなくの1869（明治2）年8月に、今日の大臣に相当する卿と次官に相当する大輔などの幹部を財政を管轄する大蔵省と兼務とすることによって、事実上大蔵省に合併された（「民蔵合併」）。このとき、民部・大蔵大輔として辣腕を振るったのが大隈重信（⇒第3章・第3節）である。政府の税収を確保すべく大蔵省が府県を管轄する民部省を合併したことがその背景にあったが、民部・大蔵省には伊藤博文（⇒第4章・第1節）や井上馨（⇒第3章・第2節）など、急進的な「近代化」改革を目指す人材が集結した。

　彼らによって旧幕臣であった渋沢栄一が登用され、新政策の立案・推進を担当する改正掛の責任者に任ぜられたことにより、多くの旧幕臣を含む欧米の新知識・技術を有した人材が集められ、次々と新事業に着手していく。改正掛は、税制や度量衡の改正、鉄道や電信、郵

渋沢栄一（1840〜1931）

便制度の導入、殖産興業の推進、廃藩置県の提言など様々な「近代化」改革に対する検討を進めた。むろん、これらの「近代化」改革のすべてを改正掛が実現したわけではないが、改正掛の取り組みが端緒となって後に実現した政策も多い。彼らは大隈の築地の私邸（中央区築地）を根拠としたことから「築地梁山泊*」と呼ばれ、漸進的な改革を望む大久保や西郷らの批判の対象となった。

木戸孝允(1833~77)

「築地梁山泊」を支持し、その後ろ盾となっていたのは、明治初年より廃藩の断行を模索しており、速やかな「近代化」を目指していた木戸であった。木戸はさらに、山尾庸三**らの要請を受けて、欧米の先進技術の導入・定着と殖産興業政策を担当する官庁として工部省の設置を支援し、これは廃藩置県後の1871年8月に実現している。

山尾庸三(1837~1917)

❖❖❖ 「民蔵分離」と路線対立

政府の財源強化の目的から「民蔵合併」（民部・大蔵両省の合併）が推進されたことはすでに述べたが、一方で府県において地方行政に当たっていた地方官からは、こうした大隈ら「梁山泊」グループの方針に対する反発が強まっていった。地方官には民衆を教導する「牧民官」をもって自らを任じている者も多く、徴税のみが重視される大蔵省主導の地方行政に大きな不満を抱いたのである。

こうした地方官の声を受けて、大久保や副島、広沢真臣***らは民部・大蔵省を分離すべきことを求め、木戸・大隈と対立する。急進的改革か漸進的改革かという路線をめぐる問題もさることながら、内政と財政を一手に掌握する民部・大蔵省の存在は、政府全体の統制を危うくすると考えられたためである。

大久保らは木戸を説得することを試みるが難航し、木戸との間に妥協を見出すことができなかった。このため1870（明治3）年6月に、大久保、広沢、副島に保守派であった土佐出身の佐佐木高行****が加わり、4名の参議が辞表を盾に民蔵の分離を要求するに至ったため、木戸もこれを呑まざるを得なくなった。もっとも、木戸は民蔵合併に加えて大隈の参議への登用なども主張しており、70年7月に民蔵両省は分離されたが、その後の9月に大隈が参議に加わっているため、大久保も木戸に対して十分な配慮を示したといえよう。

民蔵両省の合併・分離に関する問題は、政府内における大久保ら漸進的改革派と、木戸ら急進的改革派の路線対立を如実に示したといえるが、両者の対立は内政および財政に留まらず、兵制改革の問題にも及んでいた。

※　本来は16世紀の中国の伝奇小説『水滸伝(すいこでん)』の舞台のこと。英雄や豪傑が集まる場所のたとえとして広く用いられた。
※※　長州出身。1863年に、伊藤博文や井上馨らと共に密航して渡英。造船や工業技術を学び帰国。工学の普及、工部大学校(後の東大工学部)の設立と発展に貢献。また、盲学校・聾学校の設置にも尽力した。工部卿、法制局(初代)長官などを歴任。
※※※　1834~71。長州出身。幕末の藩政に関わり倒幕活動に関与。新政府で参議となり、近代化の推進に努めたが、暗殺(犯人不明)。
※※※※　1830~1910。山内容堂(豊信)の側近。新政府で参議。岩倉遣欧使節団に理事官として参加。工部卿、枢密顧問官などを歴任。

　近代陸海軍の創設は明治政府にとって急務のひとつであったが、大村益次郎[※]は、フランスをモデルとして、徴兵制（⇒第3章・第1節）に基づく国民皆兵制度の速やかな導入を主張していた。一方で、西郷は士族（武士）の志願兵を中核として段階的に近代陸海軍を整備する「壮兵主義」を主張した。国民の義務として兵役を課す徴兵制は大量の兵力動員が可能であり、欧米列強各国に伍して植民地化の危機から脱

大村益次郎(1825~69)

却を図らねばならない当時の日本において、その導入は喫緊の課題であったといえる。しかし、大量の兵力動員が可能であるということは、それにともなって軍事費も膨張する可能性が極めて高いことを意味しており、明治政府の財政力がその負担に堪えることができるのかという問題もあった。つまり、徴兵か壮兵かという問題は、士族を優遇するか否かという問題にとどまらず、政府の運営の根幹にかかわる問題でもあったといえる。そして、木戸は大村の徴兵主義を、大久保は西郷の壮兵主義をそれぞれ支持しており、「近代化」をめぐる両者の路線対立の解消は容易には進まなかった。

第4節　廃藩置県への道筋

❖… 版籍奉還の意義

　「政体書」官制において大名の支配地を藩として、政府直轄地である府県とともに地方行政機構とする「府藩県三治制」が定められたことは第2節で述べた。その後まもなくの1868（明治元）年10月、政府は「藩治職制」を発して藩における機構や職制を全国的に統一することを求めた。これにより、各藩によって様々であった職制は、藩主・執政・参政などに統一された。藩が政府の地方行政機構として位置付けられたことによって、政府による府県との平準化が目指されたとみることもできる。

　一方で、大名領である藩の存続が統一的な政策の推進の障害となる可能性などを指摘し、67年末には、薩摩藩の寺島宗則^{※※}が領地と領民を朝廷に返上するように藩主に建白書を提出している。さらに、68年には木戸や伊藤が藩を廃止して封建制から郡県制への転換を求める建言を行うなど、廃藩を求める声もすでに上がっていた。

寺島宗則(1832~93)

　69年1月、薩摩藩の大久保、長州藩の広沢、土佐藩の板垣退助が京都で会合して領地（版）と領民（籍）を天皇に返上する版籍奉還の実施

に合意し、肥前(佐賀)藩を加えた薩長土肥の4藩の藩主が版籍奉還の
上表を政府に提出した。その後、他藩からも同様の上表が相次いで
提出され、5月にはほぼすべての藩が版籍奉還を願い出るに至った。

これを受けて6月19日に版籍奉還は聴許されたが、元の藩主が
「知藩事」として引き続き藩の統治に当たることも認められたため、
版籍奉還は形式的なものに過ぎず、大名の支配権は存続すると考え
る藩主が多くを占めた。しかし、政府が任命する地方官である知藩
事に大名が任命されたということは、版籍奉還によって世襲的に領
地・領民を支配する領主としての地位を大名が失ったことを意味し
ており、廃藩を断行するための準備は着々と進んでいた。

大久保利通(1830〜78)

❖❖❖ 廃藩置県の断行

版籍奉還後も「府藩県三治制」が維持されていたが、政府内において廃藩の断行を
求める声はしだいに大きくなっていた。一方で、島津久光(⇒第1章・第3節)など旧大名勢
力の中には廃藩による中央集権化に対する反対を明らかにする者もおり、政府は慎重
な対応を余儀なくされていた。

1871(明治4)年7月、兵部省(のちに陸軍省と海軍省に分離)の少壮官僚であった鳥尾
小弥太*と野村靖**は、徴兵制確立のために廃藩の即時断行を兵部少輔の山県有朋(⇒第
4章・第3節)に訴え、さらに大蔵少輔の井上にも同様の主張を強く行った。徴兵制の整備
や政府の財政基盤確立の観点から廃藩を必要としていた山県や井上も賛成し、山県は
西郷を、井上は木戸をそれぞれ説得した。これにより、西郷や木戸、さらに大久保も
廃藩の断行に賛成した。廃藩置県は、薩長両藩の一部が極秘に計画を進め、その後に
土佐藩の板垣や佐賀藩の大隈、公家の三条実美や岩倉らの賛同を得て、7月14日に断
行された。

廃藩置県の断行に当たって政府は、西郷が中心となって薩長土の3藩から集めた
8000名の直轄軍である御親兵(のちに近衛兵)を整備して軍事力を確保し、各藩が頭を
悩ませていた藩債(藩が国内商人や外国商社などに負った債務)の処理を政府が引き受けたこ
とや、旧大名に華族の身分を用意して収入の保証を行うなど、旧大名の反抗を抑える
べく準備を整えた。このため、廃藩置県は抵抗を受けることなく実現する。

廃藩置県による中央集権体制の確立は、本格的な「近代化」政策の推進のための基
盤が確立されたことを意味する。しかし、廃藩置県後に岩倉や木戸、大久保、伊藤な
どは条約改正を目的とする「岩倉使節団」として日本を離れたため、西郷や三条、板垣、
大隈らの「留守政府」が「近代化」政策を推進していくことになる。　　　　[門松 秀樹]

※ 1848〜1905。長州出身。陸軍中将。戊辰戦争では各地を転戦。新政府で陸軍大輔、参謀局長、近衛都督など陸軍の要職を歴任
するが、山県と対立、陸軍を離れる。枢密顧問官、貴族院議員。

※※ 1842〜1909。長州出身。吉田松陰に学び、尊王攘夷を信奉。新政府で岩倉遣外使節団に随行。帰国後、枢密顧問官、駐仏大使を
経て、第2次伊藤内閣で内務大臣、第2次松方内閣で通信大臣を歴任。

第3章

政変と内乱の明治

1873年（明治六年政変）を描いた錦絵。中央左側に西郷隆盛、江藤新平ら「征韓」派。中央右側に反対派の岩倉具視、大久保利通、木戸孝允ら。

本章のキーワード

- ☐ 太政官三院制
- ☐ 岩倉使節団（岩倉遣外使節団）
- ☐ 留守政府
- ☐ 明治六年政変
- ☐ 大久保政権

- ☐ 自由民権運動
- ☐ 立憲政体樹立の詔
- ☐ 維新の三傑
- ☐ 大久保没後体制
- ☐ 明治十四年の政変

第1節 外交と内政の狭間で ──「藩閥政府」の誕生と変容

太政官三院制の成立

1871（明治4）年7月14日、廃藩置県の断行とともに、人事異動が行われた。岩倉具視、徳大寺実則、嵯峨実愛が大納言を免ぜられ、板垣退助、大隈重信が参議に就任した。この結果、参議は西郷隆盛、木戸孝允、板垣、大隈となり、薩長土肥※から一人ずつが名を連ねることとなった。いわゆる「藩閥政府」の誕生である。

続いて7月29日には、太政官に正院、左院、右院が置かれ、太政官三院制が成立した。正院は政府の最高政策決定機関であり、太政大臣、左大臣、右大臣、参議などにより構成される。左院または右院から上申された立法・行政・司法の事務事案の裁定を担う機関と位置づけられた。総合調整が期待されたのである。

左院は立法諮問機関であり、議長、副議長、議官などで構成される。新たな制度条例の制定案や現行法令の改正案などを審議し、正院に上申することが主たる役割であった。左院の議決は議官の過半数で行われ、可否が同数の場合は議長が決裁すると定められた。左院議長は後藤象二郎が、副議長は江藤新平が務め※※、議官には秋月種樹、小室信夫、細川潤次郎、宮島誠一郎、松岡時敏など※※※の学識に優れた人材が就任した。

※ 薩摩藩、長州藩、土佐藩、肥前藩（それぞれ、現在の鹿児島県とその周辺、山口県、高知県、佐賀県を治めていた藩）の4藩を指す。

※※ 後藤象二郎は土佐藩出身、江藤新平は佐賀藩出身。

※※※ 以上の5人はそれぞれ、秋月種樹（1833～1904）は高鍋藩（宮崎県）藩主の養子、小室信夫（1839～98）は丹後（京都府北部）の商家出身、細川潤次郎（1834～1928）は土佐の儒家出身、宮島誠一郎（1838～1911）は米沢藩（山形県南部）の藩士出身、松岡時敏（1815～77）は土佐の郷士出身で後に儒家。

行政の協議機関である右院は、各省の卿（のちの各省大臣に該当）、大輔などで構成され、法案の作成や省庁間の調整を担った。右院の集会は原則として隔日開催とされたが、形骸化し有名無実化したと評価されてきた。しかし近年では、諸省の案件を審議していたことが明らかになった。また、隔日開催とはならなかったものの、一時的にはそれに近い形で集会を開いていたとも指摘されている。

一方、省庁再編も進み、71年8月8日の段階では、神祇省、外務省、大蔵省、兵部省、司法省、文部省、工部省、宮内省、開拓使という体制となった。なお、太政大臣には三条実美が、右大臣には岩倉が就任した。他方で、大半の公家と諸侯※が政府要路から去り、士族層（武士階級の出身者）が政府の実権を握ることとなったのである。

❖❖❖ 岩倉使節団と留守政府

1869（明治2）年5月、外国官副知事の大隈重信は、御雇外国人のフルベッキ※※（G.H.F. Verbeck）から、西洋に渡って「文明」を学ぶことを提案された。しかし、当時の明治政府は国内情勢への対応に追われており、海外に使節を派遣するまでの余裕がなかった。

廃藩置県後、これが俎上に載る。71年8月に大隈が自らの西洋派遣を要請した。しかし、大隈の政府内での影響力拡大を警戒した岩倉具視や大久保利通が三条実美、木戸孝允らに周旋し、大隈使節団を岩倉使節団に衣替えさせたのである。かくして11月、条約改正の予備交渉や西洋文明の調査などを目的として、岩倉遣外使節団が日本を発った。特命全権大使を岩倉、副使を大久保、木戸、伊藤博文、山口尚芳が務め、留学生を含めると総勢100名を超える規模であった。

岩倉使節団は、約1年10ヶ月をかけてアメリカやイギリス、フランス、ドイツ、ロシアなどを回った。もっとも、使節団は、日本の代表であることを示す全権委任状を持ち合わせておらず、条約改正の予備交渉は難航した。次第に西洋文明の調査に軸足が置かれ、大久保や木戸らは殖産興業、憲法、議会などの重要性を実感する。

一方、岩倉使節団の派遣に際しては、派遣中の政府（いわゆる「留守政府」）のあり方が肝要であった。使節団と留守政府の間で、大きな改革を行わないことを謳う約定が交わされた。しかし、これは徐々に形骸化し、各省は近代化推

岩倉使節団の顔ぶれ
向かって左から、木戸孝允（1833～77）、山口尚芳（1839～94）、岩倉具視（1825～83）、伊藤博文（1841～1909）、大久保利通（1830～78）。木戸と伊藤は、長州出身。山口は肥前出身。岩倉は公家出身。大久保は薩摩出身。

※「公家」は、江戸時代まで（平安時代以前から続く家柄を含め）京都市内に代々住んでいた貴族階級の子孫。「諸侯」は、徳川将軍家から与えられた領地を治めていた全国各地の大名を指す。それぞれ新たに「華族」という特権的な階級を与えられた。
※※1830～1898。オランダ出身、アメリカに移住した宣教師。幕末の長崎に来日し、大隈重信や副島種臣ら肥前（佐賀）藩士に英語を教えた。維新後招かれて上京、政府顧問として様々の開化政策を提言。大学南校（東京大学の前身）や、明治学院でも教えた。

進のために多額の予算を要求した。一方の大蔵省は、緊縮財政を掲げ、これに対立する。予算紛議の結果、大蔵大輔の井上馨（長州出身 ⇒第2節）らが辞任に追い込まれた。総合調整を期待された正院も、十分に機能しなかった。

江藤新平（1834〜74）

73年5月、参議の江藤新平が旗振り役となり、太政官制の改革が行われた。各省間のセクショナリズムを解消するため、正院の権限を強化し、立法・行政の決定権を与えたのである。この結果、参議が太政官内の調整と決定を担うこととなり、国政に関与する立場となった。また、財政資金の最終的な配分権限も大蔵省から正院に移された。一連の制度改革を、「太政官制潤飾」と呼ぶ。

副島種臣（1828〜1905）

❖❖❖ 明治六年政変

留守政府内の混乱の一方で、地方でも問題が顕然化する。廃藩置県後、士族の身分は不安定となり、1873（明治6）年の徴兵令※施行によって職業的な特権も失われた。各地で徴兵令に反対する一揆が相次いだのである。

こうした折、73年5月に朝鮮の東莱府（地方行政機関）が日本を侮蔑したことが留守政府に伝えられる。留守政府内では、現地の日本人を守るために派兵や談判が議論された。

西郷隆盛は、一連の状況を踏まえ、士族の不満を和らげるための処方箋として、「征韓」を考案した。朝鮮における居留民保護を大義名分に、自らを使節として朝鮮に派遣することを企図したのである。この場合、西郷が朝鮮で殺害される可能性があり、そうなれば「征韓」、つまり武力行使に発展するため、士族に活躍の場が提供される。

西郷の強い意志もあって、8月15日には西郷の使節派遣が内定した。しかし、帰国した岩倉具視、大久保利通、木戸孝允らが内治優先を主張してこれに反対する。正院での議論は紛糾したが、10月15日、自らの派遣に固執する西郷に太政大臣の三条実美が折れ、西郷の派遣が決定した。これに対して、岩倉は辞意を表明し、大久保は辞表を提出して抗議する。

10月18日、三条が心労で倒れた。そこで、右大臣の岩倉が太政大臣代理として、西郷の朝鮮への使節派遣を上奏することとなった。岩倉は、合わせて派遣に反対する旨の私見も明治天皇に伝えた。その結果、派遣の延期が裁可されたのである。

西郷はこれに納得できず、10月23日に辞表を提出した。翌日には、使節派遣に賛成していた参議の板垣退助、副島種臣※※、江藤新平、後藤象二郎が西郷に続いた。

以上が「明治六年政変」の概要である。この結果、明治政府のイニシアチブは大久保が握り、野に下った西郷や板垣らは、別の潮流を生み出すこととなる。

※　1872年「徴兵告諭（こくゆ）」によって制度化。満20歳以上のすべての男子に兵役の義務が課された。長く武力を独占してきた士族層（武士出身者）から反発を買う一方、平民層（華族・士族以外の一般庶民）も、不安視。本文のように一揆にも至った。
※※　肥前藩出身。外務卿として日清修好通商条約を批准。在任中の1872年、横浜港で起きたペルー船に乗船の清国人奴隷問題（「マリア・ルス号事件」）では、日本の主権独立を主張、奴隷解放を指示した。のち、松方正義内閣で内務大臣。

第2節 大久保の政治主導と世代交代

「大久保政権」と自由民権運動 —— 内務省の創設

「明治六年政変」後、太政官では参議と省卿の兼任が慣行化した。これにより、参議が直接各省を統制できるようになった。

また、1873（明治6）年11月10日には、内務省が設置された。内務省の設置は、江藤新平や大久保利通らにより、かねてから検討されてきたものの、政情不安などから実現していなかった。「明治六年政変」後に、大久保がこれを誕生させ、自ら内務卿に就任したのである。

内務省は、大蔵省・司法省・工部省の機能の一部が移管され、内政全般を担うこととなった。勧業行政による国力の増強と警察行政による治安の維持を基本目標とする、大久保の構想が具現化されたのである。内務省には、藩閥出身者よりも実務経験に富んだ旧幕臣や親藩出身者が多く登用された。地方官からの転任者や、内務省から地方官に戻る者も少なくなく、地方との密接な連携が意識された。こうして、全国統一の地方行政の徹底が図られたのである。

なお、74年4月には、台湾出兵※に反対した木戸孝允が参議を辞した。明治新政府を支え、のちに「維新の三傑」と称される西郷、木戸、大久保のうち、西郷と木戸が政府を去り、残るは大久保のみとなった。大久保の影響力の強大さゆえに、彼が内務卿に就任してからの明治政府は、「大久保政権」とも称される。

他方で、在野でも大きな動きがあった。74年1月17日、板垣退助や後藤象二郎らが民撰議院設立建白書を提出した。現在の政府を有司専制政府※※であると批判し、民選議院の設立を訴えるこの意見書は、日刊新聞『日新真事誌』※※※に掲載されたこともあり、広く知れ渡った。板垣の立志社に代表されるように、各地で政治結社の結成が相次ぎ、議会開設を求める自由民権運動が隆盛していく。

板垣退助(1837〜1919)

後藤象二郎(1838〜97)

政治参加の拡大を求める「公議」を理念の1つとして誕生した明治政府は、議会開設そのものを否定することはできなかった。そのため、議会開設が当該期の最大の政治的イシューとなるのである。

大阪会議 —— 元老院と大審院の設置

これまで述べたように、西郷隆盛や木戸孝允、板垣退助といった有力者たちが、相次いで明治政府から離れた。こうしたなかで伊藤博文は、政府の基

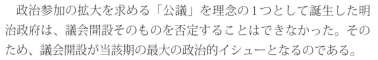

※ 1871年、台湾（清国に帰属）に漂着した琉球（沖縄県設置は79年）の漁民が現地で殺害された事件に端を発し、74年に明治新政府が行った最初の海外派兵。司令官は西郷従道（隆盛の弟）。出兵後、大久保利通が渡航して北京で交渉。清国が償金を拠出。
※※「有司」は官僚。薩長出身の数名の政治家・官僚が独占的に行う政権という意味合いが「有司専制政府」には込められている。
※※※ 1872年、イギリス人ジャーナリスト・ブラックが創刊した日本語新聞。日本の政治や社会への時事的な評論を掲載。75年廃刊。

盤強化を考えた。また、尾去沢銅山をめぐる疑獄事件※で政府から遠ざかっていた井上馨は、長州グループの復権を企てた。両者は、木戸を政府に復帰させようと奔走する。1875（明治8）年1月から2月にかけて、彼らが仲介役となり、大久保と木戸の会合が神戸、そして大阪で実現した。いわゆる大阪会議である。木戸は、板垣とも連携し、議会開設や立憲政体の樹立を要求する。伊藤や井上の周旋もあり、大久保はこれに同意した。かくして、木戸と板垣の参議としての政府復帰が決定したのである。

井上馨(1836～1915)

　大阪会議ののち、大久保、木戸、板垣、伊藤が政体取調委員に就任した。4月14日、彼らの主導により「漸次立憲政体樹立の詔」が出された。「立法の源を広め」るための元老院、「審判の権を鞏く」するための大審院の創設と、「民情を通じ交易を図」るための地方官会議の開催が宣言されたのである（「伊藤博文関係文書」）。また、元老院の創設を受けて、左院が廃止となった。

　板垣は、元老院に大きな権限を与えるよう求めるが、木戸らはこれに慎重であった。そのため、元老院の権限は、当初の想定よりも縮小する。元老院が扱う議案の生殺与奪の権は、参議たち太政官にあるとされたのである。これに反発した板垣は、75年10月に再び政府を去った。

　地方官会議は、各府県から約60名の地方官が参加して、75年6月に開催された。「公議」の実現の一形態であるものの、同会議での決議内容は、現実に反映されなかった。その後、地方官会議は、78年4月および80年2月に開催されている。

　大審院は、今日の最高裁判所にあたる。これまで、司法のトップは司法省裁判所であったが、大審院の創設により、行政官庁である司法省と裁判権を行使する裁判所が分離したのである。

❖❖ 士族反乱と「三傑」の死

　明治維新以来、明治政府は、秩禄処分※※や廃刀令※※※などの開化政策を推し進めてきた。その結果、特権を次々に失われた士族の不平は高まった。1874（明治7）年の佐賀の乱をはじめ、神風連の乱、秋月の乱、萩の乱など※※※※の士族反乱が相次いだのである。

　鹿児島の士族らも、不平を政府に向けた。77年2月、熊本鎮台（九州各地からの徴兵で編制され、熊本城内に設けられた陸軍部隊）との衝突を機に、近代日本最大かつ最後の内戦である西南戦争が勃発した。薩軍（武装した鹿児島士族）の頭目には、西郷隆盛が担ぎ上げられた。

※　井上が、大蔵大輔の職権で南部藩御用商人・村井茂兵衛から尾去沢銅山(現在の秋田県鹿角市)の採掘権を没収し、親しい商人に転売、事実上の私物化を企てた事件。司法卿・江藤が追及し、井上は大蔵大輔辞任。司法卿・江藤が追及で真相は糾明されなかった。
※※　華族と士族への支給金を廃し、期限付きの公債に切り替えたこと。かつて公家と武士が家柄に応じて得ていた俸禄(ほうろく)(米換算の俸給)は、明治以降、「家禄」「賞典禄」の名目で定期支給された(それが「秩禄」)。だが、財政負担のためこれを解消し、5～14年の償還で無くなる「金禄公債」を交付した。一部の高給層は事業資金としたが、多くの士族層は困窮したとされる。
※※※　軍人、警察官、および大礼服(皇居内の儀式などで着用が義務づけられた礼装)着用者以外の帯刀を禁じた法令。1876年公布。
※※※※　佐賀の乱は旧肥前藩の不満。元司法卿の江藤新平が首謀者として捕えられ、処刑。76年の熊本新神連の乱は旧肥後藩、秋月の乱は旧秋月藩(福岡藩の支藩)の不平士族の反乱。同年の萩の乱は、旧長州藩の政策反対派(首謀者は、倒幕の功労者の一人・前原一誠)による反乱。当時の死刑はすべて斬首。いずれも、政府軍(徴兵されて間もない平民を含む)によって鎮圧された。

西南戦争
激戦地・田原坂(現在の熊本市内)の戦い
(1877年3月)を描いた錦絵。政府側は
正規の陸軍将兵のほか、抜刀隊と呼ばれ
る警察官選抜部隊も投入した。77年2月
から9月までの間に、政府軍は5万人以
上の兵力を動員し、薩軍はおよそ3万人
が参加(鹿児島県以外の不平士族を含む)。
それぞれ6000人以上が戦死した。

　このとき、木戸孝允は内閣顧問兼宮内省出仕という閑職にあった。政体改革も思う
ように進まず、体調も崩していた。このような木戸は、西郷挙兵の報に接すると、西
郷への批判とともに彼の今後を案じた。病床にあり、「西郷もう大抵にせんか」と叫ん
だともいわれている。5月26日、木戸は逝った。

　薩軍の士気は旺盛であったものの、戦況は次第に劣勢になっていった。9月24日、
政府軍は、薩軍の本営が置かれた鹿児島の城山への総攻撃を行う。西郷は、股と腹部
に銃弾を受けると、傍の別府晋助※に介錯を求めた。多くを語らず、「賊」として死ん
でいったのである。かくして西南戦争は、政府軍の勝利に終わった。

　西南戦争後の大久保利通は、殖産興業政策のさらなる推進を考えていた。「今後十年
を期して、内治を整へ民産を起さざるを得ず」と、伊藤博文や大隈重信に語っている。
また、この10年を、日本にとって「最も肝要なる時間」である、と表現している(『大
久保利通文書』九)。しかし、そのような大久保の姿は、一部からは政治を私物化してい
るように見えた。78年5月14日、大久保は、紀尾井町で石川県士族の島田一良らに
暗殺された(現在の参議院・清水谷議員宿舎前)。いわゆる「紀尾井坂の変」である。

　明治政府は、「維新の三傑」を失った。「最も肝要なる時間」を迎える日本の舵取りは、
次の世代に託されることになったのである。

第3節 議会開設・憲法制定の主導権をめぐる政争

❖❖❖ 「大久保没後体制」

　維新の三傑、とりわけ大久保利通の死により、明治政府内には突出したリーダーシ
ップの持ち主が不在となった。また、次項で述べるように、在野の自由民権運動によ
る攻勢も激しくなる。明治政府には、団結して窮地を乗り越えることが求められた。
政治史家の御厨貴は、大久保の死から「明治十四年の政変」までの政治体制を「大久
保没後体制」と称した。以下、「大久保没後体制」を概観していこう。

　大久保暗殺の翌日である1878(明治11)年5月15日、大久保の後任として内務卿に
就任したのは伊藤博文であった。ただし、当時の伊藤が大久保のようにリーダーシッ

※ 1847〜77。薩軍の幹部の一人。幕末の戦争では会津攻撃に参加。明治維新後は近衛陸軍大尉。西郷を介錯後、自決(9月24日)。

プを発揮できたわけではない。右大臣の岩倉具視との連携を重視しつつ、諸勢力とのバランスを維持することに心を砕いた。

伊藤はまず、大久保暗殺に一番の打撃を受けた黒田清隆（⇒第4章・第3節）や松方正義などの薩摩グループに対して、人事面で配慮を示す。5月24日の人事異動により、参議の構成は次のようになった。

黒田清隆（1840〜1900）

大隈重信（1838〜1922）

伊藤博文・山県有朋（以上長州）／黒田清隆・寺島宗則・西郷従道・川村純義（以上薩摩）／大隈重信・大木喬任（以上佐賀）

西郷（隆盛の弟　⇒第4章・第1節）と川村が新たに参議となり、薩摩グループは最大となる4名の参議を輩出した。この人事は、伊藤が岩倉と連携して実行したものであった。

続いて伊藤は、長州グループの拡大を企図した。7月29日、井上馨の参議兼工部卿就任を周旋し、政府に復帰させたのである。

財政面では、大隈重信が中心となり、積極財政が継続された。これは、殖産興業政策を重視する薩摩グループと親和的であった。しかし、大隈の財政政策は、暗礁に乗り上げる。当時、西南戦争の軍費調達のために大量の紙幣を増発したことから、深刻なインフレーションを招いていた。積極財政を堅持する大隈は、この抑制に失敗し、政府内外から批判を受けることとなる。

❖❖❖ 議会開設要求の高まり

もちろん、インフレの恩恵を受ける層もいた。農村の地主層である。彼らは、米価の高騰により経済的に潤った。しかし、それは政府支持につながらない。経済的余裕が生まれた地主層は、政治的関心を高め、政治参加の拡大を求めた。

自由民権派が集い、1879（明治12）年11月に開催された愛国社第3回大会には、各地の政治結社に加えて、東日本から地主層も参加した。同大会は、薩長藩閥政府を専制的であると批判し、議会開設を求めたのである。

同年8月には、福沢諭吉※の『国会論』が出版された。議会開設の機は熟したと主張する同書の反響は凄まじく、福沢は後年、「秋の枯野に自分が火を付けて自分で当惑するようなものだと、少し怖くな」ったと語っている（『福沢諭吉著作集』12）。

80年3月には、愛国社の呼びかけにより、国会期成同盟第1回大会が開催された。同大会では、議会開設を要求する願望書の提出が決まった。明治政府は、4月に集会条例を公布、施行し、自由民権運動の取り締まりに躍起になった。

しかし、在野の議会開設要求を抑え込むことは、もはや不可能であった。在野では、議会開設から一歩踏み込み、具体的な憲法構想が語られた。81年4月には、福沢が中心となって結成された社交クラブの交詢社が、イギリス流の議院内閣制を採り入れた

※　1835〜1901。思想家。中津藩（大分県）出身。著述活動で近代思想の啓蒙に貢献。公職にはつかず、1867年、慶應義塾を創設。

「私擬憲法案」を発表している。

　こうした動きに相前後して、79年12月以降、明治政府内でも参議に立憲政体に関する意見書の作成を求める動きがあった。議会開設を真っ向から否定する意見書はなかったものの、薩摩グループの領袖である黒田清隆は、議会開設を時期尚早と考えた。岩倉具視も、各参議の意見書を受けながら、議会開設に積極的に動き出すことはなかった。大隈重信にいたっては、80年末になっても意見書を提出していない。

　こうした状況は、議会開設が今後の政治の肝であると捉えた伊藤博文を焦らせた。

❖❖❖ 明治十四年の政変

　1881（明治14）年3月、ようやく大隈重信が立憲政体に関する意見書を提出した。しかし、これは大隈の強い希望により、左大臣の有栖川宮熾仁親王※への密奏（皇族に向け、封印して見えないかたちでの意見表明）いう形が採られた。これまでの研究では、大隈が伊藤博文を出し抜き議会開設後の政治を主導しようとしたため密奏したと考えられてきた。近年では、議会開設後に、政府内の進歩派を中心とした政党を作り、政権を獲得しようとしたためである、との見解も有力になっている。

　大隈の意見書は、81年内に憲法草案を作成し、同年末から翌年初頭にかけて憲法を発布、83年に議会を開設するという、他の参議と異なり、即座の議会開設を訴えるものであった。しかも、イギリス流の議院内閣制の採用を謳っており、福沢や交詢社の議会構想との共通点が多くみられた。

　密奏ではあったが、大隈の意見書の内容は漏れた。伊藤は、これに激怒するも、大隈の謝罪により矛を収めた。しかし政府内では、大隈が福沢らと薩長藩閥の打倒を目指しているのではないか、といった大隈への不信感が高まっていった。

　7月末、黒田清隆が根を詰めていた開拓使の官有物を、薩摩グループが主導する会社に破格の安値で払い下げることが報道された。在野は、これを薩長藩閥の弊害と捉え、猛烈な反政府運動を展開するとともに、大隈を藩閥のなかで孤軍奮闘する英雄として扱った。一方の政府内では、いよいよ大隈陰謀論が実しやかに囁かれたのである。その背景には、ドイツ流の立憲君主制を志向した官僚・井上毅（肥後〔熊本〕出身　⇒第4章・第2節）の暗躍もあった。

　かくして10月11日、明治政府は官有物の払下げ中止を発表するとともに、大隈を政府から追放した。翌日には、「国会開設の勅諭」を発し、9年後の議会開設を宣言した。いわゆる「明治十四年の政変」である。大隈の追放や黒田の求心力低下により、伊藤が議会開設・憲法制定の主導権を握ることとなった。また、財政の主導権を松方正義（⇒第4章・第1節）が握り、積極財政から緊縮財政に舵が切られた。　　　　　　　　　[久保田 哲]

※　1835〜95。皇族。戊辰戦争では東征大総督として、江戸入城。西南戦争で征討総督として九州へ、日清戦争では陸海全軍の総
　　参謀長として広島大本営へ下向。「有栖川宮」は、後陽成天皇の第7皇子・好仁親王に始まる宮家だが、熾仁親王の次代で断絶。

第4章

憲法の制定、議会の開設

1890年11月29日に開会された第1回帝国議会の様子を描いた錦絵〈楊像図〉

━━ ❧ 本章のキーワード ❧ ━━

- ☐ シュタイン
- ☐ 自由党
- ☐ 立憲改進党
- ☐ 内閣制度
- ☐ 枢密院

- ☐ 保安条例
- ☐ 大日本帝国憲法
- ☐ 帝国議会
- ☐ 貴族院
- ☐ 衆議院

第1節 立憲政体の模索

⁘ 伊藤博文の憲法調査

　1882(明治15)年3月3日、伊藤博文に渡欧の勅命が下った。憲法制定に向けて、立憲君主国の実像をつかむことが目的である。伊藤は、伊東巳代治(⇒第2節)や西園寺公望(⇒第6章・第3節)らを連れ、5月にベルリンに入った。しかし、伊藤が師事した、ベルリン大学のルドルフ・フォン・グナイスト(Rudolf von Gneist)は、憲法はあくまで国家の外面に過ぎず、法文を模倣しても無意味であることを示唆する。実際の講義は、グナイストの弟子であるアルベルト・モッセ(Albert Mosse)により、伊藤の不慣れなドイツ語で行われた。通訳こそいたものの、思うように理解は進まない。伊藤の憲法調査は、前途多難な船出となったのである。

　しかし、モッセの講義が夏休みに入った8月、ウィーン大学のローレンツ・フォン・シュタイン(Lorenz von Stein)と出会ったことで事態は好転する。伊藤はシュタインから、次のような講義を英語で受ける機会を得たのである。

　シュタインは、国家を1つの人格と捉える。「君主」を国家の意識を具現化する機関、「立法部」を国家の意思を形成する機関、「行政部」を国家の行為を司る機関と位置づけ、3者の調和が重要であるとした。とはいえ、3者にも優先順位があるという。君主の権力が過剰に

シュタイン(1815〜90)

なれば、恣意的な決断が下される恐れがある。立法部の権力が過剰になっても、一部の勢力のみに有利な法が制定される危険性がある。そもそも法は、現実の問題への対処として制定されるもので、必然的に後追いとなり、速やかに解決できない。それゆえ、国家の秩序を維持するために、行政部の高い自律性の確保が重要視されるのである。

こうしたシュタイン講義は、帰国後の伊藤による政治改革に大きな影響を与えることとなる。この分野の第一人者である瀧井一博は、伊藤にとってシュタイン講義は、立憲政治の全体像を獲得した点、国制改革という巨視的な展望を抱けた点で有意義であったと分析している。

その後の伊藤は、再びモッセに学び、またイギリスなどにも滞在した。83年8月3日、約1年5ヶ月ぶりの帰国を果たす。

❖❖❖ 政党の誕生 —— 自由党・立憲改進党の結成

1890（明治23）年の議会開設を見据え、国内では政党が誕生する。「明治十四年の政変」（⇒第3章・第3節）直後の81年10月、板垣退助（土佐出身）が総理（党首）となり、日本初の政党である自由党が結成された。自由党は、大々的な全国遊説を展開することで地方豪農層を基盤とし、各地に地方部を設立した。対して政府は、82（明治15）年6月に集会条例を改正し、地方支部の設立を禁ずるなど、取り締まりに躍起になった。

また、82年4月には、大隈重信（肥前出身）が「総理」（党首）となり、立憲改進党が結成された。立憲改進党は、府県会議員や華族の支持を受けて、地方自治の整備や貿易の充実といった、具体的な政策を掲げた。同年12月、政府が府県会議員の連合・通信を禁ずる措置を講じたことで、大きな打撃を受けた。

自由党と立憲改進党は、一時期協調路線を採ったものの、次第に対立が顕在化した。政府の弾圧もあり、自由党のなかには、急進派が台頭する。彼らは、福島事件や高田事件、加波山事件など※の激化事件を引き起こした。その後、自由党は資金不足に陥り、84年10月の党大会で解党が決議された。同じ時期、立憲改進党でも解党をめぐる論争が展開された。同年12月、党自体の存続は決まったものの、大隈をはじめとする執行部が離党した。

政府内では、松方正義（薩摩出身）が大蔵卿に就任し、これまでの積極財政からの転換を図った。正貨蓄積と紙幣整理を実行するとともに、中央銀行主導の金融システムを整備した。いわゆる松方財政である。その結果、82年6月の日本銀行条例公布により、日本銀行が設立し、85年5月には日本銀行券が発行される。

他方、紙幣整理の弊害として、デフレーションが発生した。松方

松方正義（1835～1924）

※ 福島事件は1882年、薩摩出身の福島県令（のちの知事）・三島通庸（みちつね）の道路事業に反対運動を起こした県内の自由党員や農民が検挙、処罰。高田事件は83年、新潟県高田（現在の上越市）で、県内の自由党員が内乱計画を理由に逮捕、処罰。加波山事件は84年、福島県令・三島と政府高官の暗殺を計画した福島・栃木・茨城の自由党員が茨城県の加波山に集結したが、逮捕、処罰。

デフレと呼ばれ、82年から85年にかけて、特に農村部に多大な打撃を与えた。自由党の激化事件の遠因でもある。

内閣制度の創設

　1884（明治17）年3月、制度取調局が新設され、伊藤博文は同局の長官に参議兼任で就任した。制度取調局は、同年7月の華族令制定を主導した。「公・侯・伯・子・男」からなる爵位を設け、旧公家・旧大名といったこれまでの華族に加えて、国家への功労者も新たに華族に列せられることとなった。また、85年3月には、歳入出予算条規を制定した。次に述べる内閣制度の創設を経て、大蔵省の財政統制権が強化されるとともに、86年度予算より4月1日始まりの予算制度が構築された。

伊藤博文（1841〜1909）

　さて、伊藤が志向した改革の主眼は、内閣制度にあった。太政官制のもとでは、大臣（太政大臣・左大臣・右大臣）と参議の合議体が内閣と称され、各省長官である卿は含まれていなかった。また、参議には天皇に助言することが認められていない。したがって、皇族・公家のみが就任できる大臣が閣内を取りまとめる必要がある。しかし、83年に右大臣の岩倉具視が死去して以降、太政大臣の三条実美はその役割を十分に果たすことができなかった。議会開設に備えて行政部を強化するためにも、実力者が首班となる内閣制度の創設が重視されたのである。

　かくして85年12月、太政官制が廃止され、内閣制度が創設された。太政大臣、左右大臣、参議、省卿、大輔は廃止され、内閣総理大臣、国務大臣、次官が設けられた。内閣制度創設時の構成（第1次伊藤内閣）は、右のとおりである。このほか、内閣外として、宮内大臣（初代は伊藤が兼務）、内大臣（初代は三条）が置かれた※。

　内閣制度の創設と同日、ドイツをモデルとする内閣職権が定められた。内閣職権には、総理大臣は内閣の首班であり行政各部を統括するとされ、すべての法律命令に総理大臣の副署が必要であることなどが規定された。総理大臣に大きな権限を与える、大宰相主義が特徴であった。

　86年2月には各省官制が定められ、次官が大臣と官僚を結ぶ存在となるなど、行政組織が整備された。さらに、同年3月の帝国大学令の公布、翌87年7月の文官試験の改革により、キャリア官僚の養成・登用システムが構築された。

最初の内閣（1885年）

（役職）	（氏名）	（出身）
内閣総理大臣	伊藤博文	長州藩
内務大臣	山県有朋	長州藩
外務大臣	井上馨	長州藩
大蔵大臣	松方正義	薩摩藩
陸軍大臣	大山巌	薩摩藩
海軍大臣	西郷従道	薩摩藩
司法大臣	山田顕義	長州藩
文部大臣	森有礼	薩摩藩
農商務大臣	谷干城	土佐藩
逓信大臣	榎本武揚	幕臣

最年長は松方の50歳、最年少は森の38歳、閣僚10人の平均（満）年齢は46歳。当時の日本人男性の平均寿命は、42.8歳。

※　宮内大臣は、皇室関係の一切の事務を担当した宮内省の長官（略称は宮相（きゅうしょう））。内大臣は、天皇の側に仕え詔勅などの文書を取り扱った官職（略称は内府（ないふ））。なお、内務大臣は、これらとは全く別（略称は内相（ないしょう））。1873年創設の内務省の長官（当初は内務卿）であり、警察と地方行政を監督するなど大きな権限を持っていた（⇒第3章・第2節）。

第2節 大日本帝国憲法の制定

❖❖ 枢密院での憲法審議

　1887（明治20）年6月より、憲法草案の作成が本格的に進められた。伊藤博文や、井上毅（いのうえこわし）〔⇒第3章・第3節〕、伊東巳代治※、金子堅太郎（かねこけんたろう）※※が、夏島（なつしま）（現・神奈川県横須賀市内）にある伊藤の別荘に集まり、起草作業に従事した。同年8月にまとめられた「夏島草案」を皮切りに、御雇（おやとい）外国人のロエスレル（K.F.H. Roesler）※※※らとの質疑応答を経て、検討が重ねられた。

井上毅（1844～1895）

　憲法草案の見通しが立ったところで、いかなるプロセスで憲法を制定、発布へと導くか、という新たな問題が発生した。金子の回想によると、①元老院（げんろういん）〔⇒第3章・第2節〕で審議する、②官民共同の憲法制定会議を開催して審議する、③天皇が臨席する新たな機関を設けて審議する、などの方法が検討されたという。

伊東巳代治（1857～1934）

　こうしたなかで、元老院に新たな動きがみられた。87年9月、元老院会議において、憲法草案を元老院に下付すべきである、元老院の可決なくして議案は公布されない、という2つの意見書が提出されたのである。伊藤には、元老院の作成した憲法草案を葬った過去がある。今度は自らの憲法草案が元老院で否決されることを懸念した伊藤は、自身に近い元老院議官に働きかけ、両意見書を否決させた。

金子堅太郎（1853～1942）

　かたや、後述するように、在野（ざいや）では勢力を盛り返した自由民権派が、伊藤内閣を批判していた。したがって、憲法制定プロセスとして、①・②は採りえず、③が唯一の選択肢となった。かくして88（明治21）年5月、天皇の最高諮問機関と位置づけられた枢密院（すうみついん）が創設され、議長には総理大臣を辞した伊藤が就任した。

　同年6月より、枢密院での憲法審議が行われたが、一筋縄（ひとすじなわ）にはいかなかった。在野の勢力を警戒する面々が、議会の権限を形骸化させることを提案したのである。これを受けて伊藤は、憲法を制定し、議会を開設する以上、天皇の大権（たいけん）が制限されることは当然であり、それこそが立憲政体なのである、と説いた。

　89年1月、枢密院での憲法審議は終了した。伊藤らが作成した憲法草案は、抜本的な変更を加えられることなく、可決された。枢密院ではまた、皇室典範（てんぱん）、議院法、衆議院議員選挙法、会計法、貴族院令も審議され、成立への道筋が立てられた。

※ 長崎出身。語学を学び伊藤に評価されて、欧州憲法調査に同行。のちに伊藤内閣で書記官長・農商務大臣など歴任。
※※ 福岡藩出身。渡米してハーバード大学卒業。伊藤に認められ、首相秘書官、枢密院議長秘書官。伊藤内閣で農商務・司法大臣を歴任。
※※※ 1834～94。ドイツの法学者。1878年外務省法律顧問として来日。のち内閣顧問。憲法のほか商法作成にも貢献。93年帰国。

❖❖❖　大日本帝国憲法の概要 —— 天皇の「大権」と帝国議会の権限

　1889（明治22）年2月11日、大日本帝国憲法（以下、帝国憲法）が発布される。ここで、帝国憲法の概要を、議会の位置づけを中心に整理しておこう。

　帝国憲法は、7章76条からなる。その内訳は、「第1章 天皇」（第1～17条）、「第2章 臣民権利義務」（第18～32条）、「第3章 帝国議会」（第33～54条）、「第4章 国務大臣及 枢密顧問」（第55・56条）、「第5章 司法」（第57～61条）、「第6章 会計」（第62～72条）、「第7章 補則」（第73～76条）である。

　帝国憲法は君権主義を基本原理としており、「天皇ハ帝国議会ノ協賛ヲ以テ立法権ヲ行フ」（第5条）と定めている。帝国議会の召集、開会・閉会、停会、解散に加えて、法案の裁可や公布、統帥権（⇒第10章・第2節）、外交権は、天皇の大権事項であった。また、法律に代わる効力を持つ緊急勅令権や独立命令制定権といった勅令の制定権を天皇が有した。そのため、帝国憲法は議会の権限を大幅に制限しており、「外見的立憲制」に過ぎない、との評価がある。

　しかし、「凡テ法律ハ帝国議会ノ協賛ヲ経ルヲ要ス」（第37条）とあり、議会の可決なくして法は成立しない。議会は、実質的な立法権を有していたのである。勅令についても、議会の事後承認がなければ、以後無効となった。また、「国家ノ歳出歳入ハ毎年予算ヲ以テ帝国議会ノ協賛ヲ経ヘシ」（第64条）とあり、予算の成立にも議会の協賛が必須であった。ただし、議会が予算を協賛しない場合には前年度の予算が執行され、「憲法上ノ大権ニ基ツケル既定ノ歳出及 法律ノ結果ニ由リ又ハ法律上政府ノ義務ニ属スル歳出」（第67条）の削減等には、政府の同意が必要とされた。さらに、議会の行政監督権は明文化されなかった。

　帝国議会は、貴族院と衆議院の両院で構成された。貴衆両院は、衆議院に予算先議権が認められたことを除いて、対等の権限を有した。貴族院は、皇族議員、華族議員、勅任議員により組織され、衆議院は、国民の公選による議員で組織される。なお、衆議院には解散があった。衆議院が解散された場合、貴族院は停会となる。

❖❖❖　在野の動向 —— 保安条例の公布

　政府内で憲法制定作業が進められた一方で、在野では自由民権派が新たな動きをみせていた。1886（明治19）年10月、星亨※が旧自由党系と立憲改進党系の面々を集め、大懇親会を開催した。民権派の再結集を図ったもので、大同団結運動のはじまりである。翌87年5月に開催された全国有志大懇親会には、板垣退助も参加している。

星亨（1850～1901）

※　江戸の庶民出身。苦学して弁護士。自由党入党後、政府批判で名をはせる。進歩党と合併後は憲政党員。立憲政友会創設に貢献、第4次伊藤内閣で通信大臣として入閣。東京市議会議長在任中、収賄疑惑などへの批判から刺殺された。

　その後、井上馨(いのうえかおる)（⇒第3章・第1節）を中心とした条約改正交渉が政府内外から批判されたことを受けて、①外交失策の挽回、②地租(ちそ)の軽減、③言論・集会の自由を訴える建白書が作成された。このため大同団結運動は、「三大事件建白運動」として展開されることとなったのである。

　87年11月に開催された全国有志大懇親会には、300名以上の出席者があり、政府攻撃の演説が盛り上がった。同年12月には、後藤象二郎が伊藤博文内閣を弾劾する上奏書を提出した。

　高まる批判を受け、政府はこれを取り締まる。12月25日、保安条例を公布し、即日施行したのである。保安条例は、秘密結社・秘密集会の禁止、秘密出版の禁止のほか、内乱の陰謀者・教唆者、治安妨害の恐れのある者を、皇居または行在所から3里外に追放できる、などと定めている。その結果、星亨ら8名の3年、片岡健吉※ら62名の2年半をはじめ、計451名が退去となり、三大事件建白運動は沈静化した。

　なお、後藤や福沢諭吉も、当初は3年の退去候補者であったが、その影響力の強さゆえ、除外された。

片岡健吉(1844〜1903)

第3節　帝国議会の開設

❖❖❖ 憲法と同日の皇室典範・貴族院令公布

　第2節で述べたとおり、1889（明治22）年2月11日、帝国憲法が発布された。発布式の会場は、新築の皇居である。内閣総理大臣の黒田清隆(くろだきよたか)※※、枢密院議長の伊藤博文、各省大臣、公爵、府県知事らが列席した。内大臣の三条実美が明治天皇に憲法を奉呈し、天皇が「不磨(ふま)ノ大典(たいてん)※※※」を公布する勅語を読み上げる、という内容であった。

黒田清隆(1840〜1900)

　憲法発布と同日には、皇室典範、議院法、衆議院議員選挙法、会計法、貴族院令も公布された。大赦令(たいしゃ)も公布され、計458名が赦免された。そのなかには、保安条例の退去者も含まれている。

　憲法発布の歓迎ムードの一方で、来るべき議会開設への警戒もあった。発布式翌日、黒田が府県知事に対して、「政府は常に一定の方向を取り、超然として政党の外に立」つことを演説した（「明治政史」下）。2月15日には、伊藤が府県会議長に向けて、政党

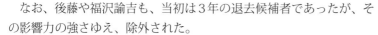

※　土佐出身。会津戦争に参加。維新後は海軍中佐となるが「明治六年政変」で下野。郷里で政治団体・立志社を起こし、民選議院設立を首唱。1890年第1回衆議院議員総選挙以降、8回まで連続当選。衆議院議長3期選出。同志社校長、基督教青年会理事長。
※※　薩摩出身。戊辰戦争では箱館（函館）五稜郭攻撃を指揮。旧幕府軍の榎本武揚を降すも、助命に尽力。西南戦争では同郷の西郷軍を征討。北海道開拓使として官有物払下げ事件を起こす。第1次伊藤内閣で農商務相。首相辞任後、第2次伊藤内閣で通信相。
※※※　「不磨」は、すりへらない、の意味。つまり、消えることなく受けつがれる重要な法（大典）ということ。憲法発布の際の明治天皇の勅語に「現在及（および）将来ノ臣民(しんみん)ニ対シ此(こ)ノ不磨ノ大典ヲ宣布(せんぷ)ス」とある。

内閣は「最も至険の事」であると語った（『東京日日新聞』89年2月19日付）。これらは、政党内閣を否定し、政党の影響を受けずに内閣の運営を行う「超然主義」を表明したものと評され、「超然演説」として知られる。ただし、黒田が政党を「免れざる所」と、その存在を否定していないこと、伊藤にいたっては「政治をして公議の府に拠らしむるには充分の力を養成する」ことが重要であると、将来的な政党内閣成立を見据えていることもまた、看過してはなるまい。

　さて、制度設計者たちは、憲法を作成した意図や条文の解釈の余地を、憲法の施行前に確認しておくことが必要であると考えた。そこで89年6月、帝国憲法および皇室典範に逐条解説を加えたものを出版した。これは、帝国憲法の公式の解説書と理解され、『憲法義解』と呼ばれる。『憲法義解』は英訳され、帝国憲法は西洋諸国に知られるところとなった。

✈︎✈︎✈︎ 初の衆議院議員総選挙と貴族院議員の選出

　1885（明治18）年12月に定められた内閣職権は、総理大臣の各大臣への優越的権限を認めている。ところが帝国憲法は、各国務大臣が単独で輔弼責任を持つとして、法律や勅令に副署を求めた（第55条）。両者に制度的矛盾が生じたのである。

　一方、現実政治にも課題が発生した。外務大臣の大隈重信が進める条約改正交渉をめぐって、閣内が割れた。総理大臣の黒田清隆は、内閣職権の定める総理の統督権を根拠に条約改正交渉を強行した。しかし、89年10月に大隈がテロに遭い、条約改正交渉は挫折。黒田内閣は総辞職となった。

　議会開設を前に、総理大臣の位置づけが問題視されたのである。かくして89年12月、内閣職権は内閣官制に改められた。総理大臣は同輩中の首席に過ぎないとされ、一部勅令への総理の副署が廃止されたのである。内閣官制により、総理大臣の権限は大幅に制限されたものの、近年の研究では、総理大臣があくまで内閣の首班であること、組閣の権限を実質的に総理大臣が握っていること、などを再評価する向きもある。

　90年7月1日には、日本初の衆議院議員総選挙が実施された。選挙権は、1年以上その府県内に居住し、直接国税15円以上を納める25歳以上の男子に与えられた。該当者は、国民全体の1.1パーセントほどである。立候補制度が採られなかったことから、政党別の投票結果を示すことは困難であるものの、定数300のうち、自由党系と立憲改進党系で過半数となる170議席あまりを獲得した。投票率は、93.9パーセントであった。

最初の帝国議事堂
「第一次仮議事堂」と呼ばれる（立地は、現在の経済産業省敷地内）。木造2階建て。第1回帝国議会開会の直前、1890年11月に完成。だが、翌91年1月に失火によって全焼。その後、場所を移して、「議事堂」は何度も建てられることになる。

　貴族院議員は、皇族議員、華族議員、勅任議員から構成される。勅任議員のうち、6月10日には多額納税者の互選が行われ、45名が選出された。そのほかの勅任議員では、内閣総理大臣の山県有朋※が、国家の功労者や学識者として、元老院議官や勅任官の通算在職5年以上の者を中心に、61名を選出した。7月10日には、第1回貴族院伯子男爵議員互選選挙が行われ、伯爵15名、子爵70名、男爵20名が選出された。なお、公・侯爵は25歳以上で自動的に議員となる。

山県有朋(1838〜1922)

✦✦✦ 議会開設前と第一議会の攻防 ── 内閣と民党

　1890（明治23）年11月29日、帝国議会の開院式が、明治天皇臨席のもと貴族院本会議場で行われた。事前の選出により、貴族院議長には伊藤博文、衆議院議長には中島信行※※の就任が決定していた。

中島信行(1846〜99)

　衆議院の過半数を占める民党勢力（立憲自由党や立憲改進党）は、「民力休養・政費節減」を掲げた。一方、内閣総理大臣の山県有朋は、富国強兵政策を堅持し、予算案に行政整理や地租軽減を盛り込まない、と訴えた。その上で、主権線（領土）はもちろんのこと、主権線を守るために重要となる利益線の防衛が必要であるとして、陸海軍の拡張を主張したのである。

　山県内閣が約8,300万円の予算案を提出したのに対して、衆議院予算員会では約800万円を削減する査定案を作成した。財務大臣の松方正義がこれに不同意を表明するなど、事態は混迷を極めた。山県は、自由党土佐派を買収し、打開を図る。その結果、自由党から24名が離反し、約650万円を削減した妥協案が成立したのである。この予算案は、3月2日に衆議院を、3月6日に貴族院を通過した。

　土佐派の離反は、一般に「土佐派の裏切り」と呼ばれる。ただし、山県と土佐派の両者とも、第一議会を成功させたい、という思いがあったことは、指摘しておかねばなるまい。

　当時、西洋諸国の多くは、非西洋諸国が憲法や議会を運用することなどできないと考えていた。実際、1876年に非西洋諸国で初めて憲法を制定したオスマン帝国は、翌77年に議会を開設したものの、一年も経たずに閉鎖となった。日本としては、条約改正を見据えたとき、第一議会を滞りなく終えること、換言すれば、非西洋諸国で初めて議会政治を全うすることが重要であった。

　予算案の成立は、内閣と民党の両者が議会政治の遂行という軌を一にした思いを持っていたことの証左でもあった。

［久保田 哲］

※　長州出身。維新後、徴兵制度による国民皆兵の陸軍創設を推進。西南戦争では、陸軍卿兼任で遠征軍の司令官。初代内務大臣のほか、日露戦争では参謀総長と要職を歴任。この間、2度の総理大臣。陸軍大将・元帥として、長く軍部と政界に影響を及ぼした。
※※　土佐出身。脱藩後、坂本竜馬の海援隊に参加。維新後に神奈川県令、などを務めたのち、板垣退助とともに自由党を結成、副総理。イタリア駐在公使を経て、貴族院議員に選出。

第5章

日清戦争と立憲政友会の成立

1894年9月、黄海海戦（日清戦争）で、清国艦隊の「西京丸」を砲撃する想像図を描いた「西京丸」。左で起立し指揮するのは、海軍軍令部長の樺山資紀。

━━━━ 本章のキーワード ━━━━

- □ 伊藤博文
- □ 山県有朋
- □ 日清戦争
- □ 李鴻章
- □ 下関条約

- □ 三国干渉
- □ 戦後経営
- □ 大隈重信
- □ 政党内閣
- □ 立憲政友会

第1節 第2次伊藤博文内閣の成立

1889（明治22）年2月に大日本帝国憲法（明治憲法 ⇒第4章・第2節）が公布され、アジア初となる立憲政治が開始された。第4章で説明したように、初期議会では政府と民党が予算案をめぐって激しく対立し、大きな混乱が起きていた。政府・民党ともに議会政治を行う難しさを、身をもって体験したのである。

第1次松方（正義 ⇒第4章・第1節）内閣において92年2月に実施された第2回衆議院総選挙では、全国で死者25名を出すほどの大規模な選挙干渉を品川弥二郎※内相らが行い、民党は議席数を減らした。しかし、議会における民党の優勢は変わらなかった。第3議会では、政府は明治天皇の勅裁によって予算を何とか成立させるが、選挙干渉に対しては政府内でも伊藤博文などから強く批判され、品川はじめ関係者は辞任を強いられた。しかし、そのような政府の方針を高島鞆之助※※陸相と樺山資紀※※※海相は批判し、議会終了後に2人とも辞任する。陸・海軍ともに後任の推挙を拒否し、松方は辞任せざるをえなかった。

この混乱を収めるため、92年8月、伊藤が2度目の組閣を行った。この内閣は、山県有朋（⇒第4章・第3節）司法相と、黒田清隆（⇒第4章・第3節）

松方正義（1835～1924）

品川弥二郎（1843～1900）

※ 長州出身。吉田松陰に師事。維新後、英独両国に留学。内務・農商務両省などで要職に就く。初入閣だった第1次松方内閣で、本文にあるように民党議員への選挙干渉を行って、内相を引責辞任。その後も政治活動は続けたが、入閣することはなかった。

※※ 1844～1916。薩摩出身。西南戦争では別働第1旅団司令官として同郷の西郷軍を攻撃。朝鮮で起きた「壬午軍乱」では漢城に出兵。本文にある第1次松方内閣の陸相が初入閣。第2次伊藤内閣で拓殖務相、第2次松方内閣で拓殖務相と陸相を兼任。陸軍中将。

※※※ 1837～1922。薩摩出身。西南戦争では熊本鎮台参謀長として籠城。海軍に転じ第1次山県内閣の海相で初入閣。第1次松方内閣海相時に、民党に対して薩長藩閥の正当性を力説（蛮勇演説）。海軍軍令部長・台湾総督・内相・文相など要職を歴任。海軍大将。

逓信相という2人の首相経験者が閣僚に加わるなど超重量級の内閣だった（元勲※内閣）。伊藤内閣はすぐに第4議会に臨むが、そこでの問題は、93年度予算案に計上された建艦費（軍艦を建造する費用）だった。「民力休養」を方針とする自由党や立憲改進党などの民党は、政府に対し建艦費の全額削除を含む大幅な減額を求めたのである。伊藤は民党との対立を収めるため明治天皇に仲裁を求め、和協の詔勅が下された。政府は行政整理と政費節減、海軍の改革を議会に約束し、民党は建艦費の一部削減を条件として政府の予算案を承認したのである。

　なお、第2節で述べるように、当時、清国に対する国民の不満が高まっていたこともあって、自由党内においては政府の「民力育成」方針に賛成する声が出始めていた。民党はこれまで「民力休養」を主張してきたが、富国強兵を求める国権論への国民の支持が高まりつつあったのである。こうして第4議会終了後、自由党は政府との提携姿勢を強めた。政府は政党の力を借りて予算案を可決させることが可能となったため、議会における重要な議題は予算問題から外交問題へとシフトする。

❖❖ 強硬な外交を求める世論に応えた政党連合

　自由党が政府との提携を強めたことを受け、立憲改進党と、政府与党であった国民協会（会頭：西郷従道※※、副会頭：品川弥二郎）は「対外硬」的な考えを共有する諸勢力と連合し（民党六派）、条約改正交渉や対清国外交について政府批判を強めた。第2次伊藤内閣では、陸奥宗光※※※外相がイギリスとの条約改正交渉を行っていた。陸奥は内地開放を求める西洋列強に対し、法権回復なしに応じることはできないとしたが、民党六派は内地開放に反対する世論を背景に、政府への批判を強めた。伊藤はこのような議会の混乱を受けて1893（明治26）年12月末に第5議会を解散し、総選挙を経て翌年5月に第6議会が開催された。伊藤は条約改正問題を「政争の外」に置くよう施政方針演説で議会に求めたが、世論が民党六派の対外硬的な主張を支持した。このため自由党や貴族院さえも政府への批判を強め、伊藤は苦しい立場に置かれた。結局、伊藤は6月に再び議会を解散し、7月、交渉が大詰めを迎えていたイギリスと新条約を結んだ。

　なお、イギリスが条約改正に応じたのは、アジアにおけるイギリスとロシアの対立が大きく影響していた。シベリア鉄道の建設によってロシアのアジアに対する影響力が増し、イギリスは日本との関係強化に方針を転換したのである。このように初期議会は混迷を深めるが、条約締結のわずか1カ月後に日清戦争が開戦したことで状況は大きく変わる。

西郷従道(1843~1902)

陸奥宗光(1844~97)

　　※　本来は国家に尽くした功臣の意味。一般的には、倒幕活動に具体的に加わり明治新政権に貢献した勲功ある薩長出身者をいう。
　　※※　薩摩出身。隆盛の弟。明治初年に渡欧。帰国後、兵制整備に貢献。西南戦争で兄に従わず政府側につく。台湾に出兵。文部卿・陸軍卿・農商務卿を歴任。第1次伊藤内閣で初代海相。第2次伊藤内閣で海相として日清戦争の勝利に貢献。元帥（げんすい）海軍大将。
　※※※　和歌山出身。脱藩し坂本龍馬の海援隊に入隊。第1次山県内閣に農商務相で初入閣。在任中に和歌山1区から出馬、閣僚中唯一の衆議院議員となる。第2次伊藤内閣で外相。本文通り条約改正に取り組み、治外法権撤廃に尽力。下関条約締結でも全権を担う。

第2節　日清戦争

ここで少し時代を遡り、開戦の原因となった朝鮮との関係から振り返ってみたい。

◇ 日朝関係、日清関係の推移 —— 江華島事件、日朝修好条規、天津条約

朝鮮との国交樹立は、日本にとって明治維新以来の懸案事項だったが、1875（明治8）年の江華島事件※をきっかけに日朝修好条規が結ばれ、朝鮮半島への日本の経済的進出が始まった。当時、朝鮮政府内では国王高宗の父・大院君（テウォングン）と、高宗の妃・閔妃（ミンビ）一族が権力をめぐり争っていた。この両勢力の争いに、半島への影響力を確保しようとする日本と清国の争いがからまり、日清間の対立は混迷を深めていく。

日朝修好条規が締結された頃、朝鮮では閔妃らが権力を掌握し開化政策を進めたが、82年7月、それに反発する不平兵士の暴動がおこり日本公使館が焼き打ちされた。清国はすぐに軍隊を派遣し、この暴動を扇動した大院君を清国へ連行した。日朝間で日朝修好条規続約（済物浦条約）が結ばれ事態は収束したが、これを機に閔妃らは清国へ接近した（壬午軍乱）。また84年12月には、朝鮮の清国からの独立と近代化を求める金玉均（キム・オッキュン）らが竹添進一郎公使らと図りクーデターを起こすが、これも清国軍の出動により失敗する（甲申事変）。このクーデターは、清国との和協を求める政府の指示を無視して行われたが、日本国内では清国との開戦を求める声が高まった。

政府は85年、井上馨外務卿を朝鮮に派遣して漢城条約を結び（1月）事態を収束させる一方、伊藤博文宮内卿を清国へ派遣し、李鴻章（⇒第3節）との間に天津条約を結び（4月）、日清両軍の朝鮮撤退や将来における派兵の際の相互通告などを定めた。伊藤と李は日清間の緊張を融和させようとしたわけだが、翌年、長崎に清国の北洋艦隊が寄港すると、酔った水兵たちが警察と衝突し暴動に発展してしまった（清国水兵暴行事件）。こうして国内では、第7章で述べる条約改正交渉も影響し、民権論とともに国権論も盛り上がりを見せるようになる。

94年2月、朝鮮半島南部で「斥倭洋」（日本と西洋は出ていけ）を掲げる東学党が反乱を起こした（甲午農民戦争）。東学党は閔妃政権への不満を高めていた民衆の支持を受けて勢力を拡大し、大院君もこの反乱を後押しした。閔妃らは反乱鎮圧のため清国に軍隊の派遣を求め、日本も清国に対抗するため、天津条約に基づき軍隊の派遣を準備する。軍隊の派遣はほぼ清国との開戦を意味しており、明治天皇や伊藤などは消極的であったが、ついに政府は混成一個旅団※※の派遣を決定した。反乱はすぐに鎮圧され、これを機に日本は朝鮮の内政改革を企て清国へ打診するが拒否された。日清両軍の緊張は高まった。

こうして、1894（明治27）年7月に日清戦争が始まるのである。

※　朝鮮半島西岸の江華島付近において測量目的で示威活動を行った日本の軍艦が朝鮮側から砲撃を受け、発生した交戦。艦砲射撃を行い砲台を破壊した日本の砲艦「雲揚（うんよう）」は元長州藩所属。艦長・井上良馨（よしか）は薩摩出身。のち、元帥海軍大将。
※※　「旅団」は、陸軍の編制単位の一つ。「連隊」より大きく「師団」（⇒第12章・第3節）より小さい。時代により兵員数は増減（5000人前後が上限）。また「混成」とは、歩兵中心の連隊に、騎兵・砲兵・工兵など他の兵種を加えて編制された部隊であることを指す。

　日清戦争は、開戦当初から日本の優勢のうちに進んだ。圧倒的な戦況を受け、94年10月に大本営のおかれた広島で開催された第7議会では、第2次伊藤内閣の提出した臨時軍事予算案を全会一致で可決し、12月に東京で開催された第8議会でも、政府の提出した予算案は少額の修正のみで可決され、臨時軍事費の追加案も全会一致で可決された。議会では予算案のみならず、日清戦争の完遂を求める決議案なども全会一致で可決されている。政府と民党が深刻に対立した直前までの議会とは大きく異なり、挙国一致の体制が成立したのである。

　日清戦争は主に朝鮮半島内で行われた。海軍は豊島沖海戦や黄海海戦で清の北洋艦隊を破り、陸軍は清国内の山東半島の威海衛を攻め遼東半島も制圧した。国民は清国への圧勝に酔いしれたが、陸奥宗光（⇒第1節）外相は『蹇蹇録』※において、「戦勝の狂熱」が社会に充満したと指摘し、人々が驕り高ぶり清国への領土割譲などの欲望を膨らませていく様子に懸念を示している。

　なお、日本はこの戦争にのべ24万人を動員し、死者は約1万3000人だったが、そのうち約9割は病死だった。また、戦費は約2億円で、1893年の国家予算が約8,500万円だから、国家財政の約2.5倍をこの戦争に費やしたことになる。

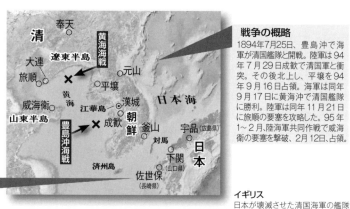

日清戦争

大本営と鎮守府
この戦争で初めて、広島市内に「大本営」（軍全体を指揮する最高機関）が置かれ、同市内・宇品（うじな）港が戦地に向かう集積地となった。また、海軍は長崎県佐世保の「鎮守府（ちんじゅふ）」に艦隊を集結、出撃した。戦後、広島長崎両県は、重要な軍事拠点に発展していく。

地図内ラベル：清、奉天、大連、旅順、遼東半島、黄海海戦、威海衛、山東半島、黄海、元山、平壌、江華島、漢城、朝鮮、成歓、豊島沖海戦、釜山、対馬、済州島、下関（山口県）、宇品（広島県）、日本海、日本、佐世保（長崎県）

戦争の概略
1894年7月25日、豊島沖で海軍が清国艦隊と開戦。陸軍は94年7月29日成歓で清国軍と衝突。その後北上し、平壌を94年9月16日占領。海軍は同年9月17日に黄海沖で清国艦隊に勝利。陸軍は同年11月21日に旅順の要塞を攻略した。95年1〜2月、陸海軍共同作戦で威海衛の要塞を撃破、2月12日、占領。

列強の進出

「三国干渉」後の「租借」
戦後、日本が清から割譲した遼東半島を、ロシア・フランス・ドイツの三国は、清に返還させたのち、同半島を含む複数の地域を、清に対し「租借地（そしゃくち）」として契約（実態は植民地化）することを認めさせた。イギリスもこれに便乗。

フランス
すでに隣国インドシナ半島を植民地化し、清の雲南・広西・広東の各州に勢力拡大。1899年に広東省南部の広州湾を租借。

ドイツ
山東半島の南に位置する良港・膠州湾（こうしゅうわん）を租借。「青島（チンタオ）」要塞を建設。

イギリス
日本が壊滅させた清国海軍の艦隊（北洋艦隊）の母港・威海衛を租借し、自国の東洋艦隊の基地とした。また、すでに清国から割譲していた香港周辺の九龍半島を租借地とした。

ロシア
遼東半島（日本が割譲後、清国に返還）の屈指の良港である大連と旅順を租借。旅順は、この後、要塞として強化されロシア太平洋艦隊の母港となる。

地図内ラベル：威海衛、膠州湾（青島）、山東半島、上海、広州湾、香港、台湾、インドシナ半島、フィリピン、大連、旅順、遼東半島

※ 日清戦争に関わる外交過程の回想録。「蹇蹇」とは、自分をかえりみず忠義を尽くすこと。1895年に成立し、2年後に陸奥は病死。

第3節　日清戦争の影響 —— 下関条約と三国干渉

　1895（明治28）年4月、下関で日本側全権伊藤・陸奥と清国側全権李鴻章の間に講和交渉が行われ、11条からなる講和条約を結んだ（下関条約）。その内容は主に、①清国は朝鮮が完全な独立国であることを承認する、②清国は日本へ遼東半島・台湾・澎湖諸島を割譲する、③清国は日本へ戦費賠償として2億両（約3億1,000万円）を支払う、④沙市（現在の荊州市沙市区）・重慶・蘇州・杭州を開市し、開市・開港地において日本人の経済活動を認める、⑤治外法権や関税自主権の喪失を含んだ西洋列強と同等の日清通商航海条約を新たに結ぶなどだった。

李鴻章
（1823～1901）

　こうして日清戦争は終了するが、講和条約締結のわずか6日後、ロシア・フランス・ドイツの駐日公使が外務省を訪れ、遼東半島の清国への返還を勧告した（三国干渉）。日本が遼東半島を領有することは、清国の首都北京の脅威となり、また、朝鮮の独立を有名無実化するもので、「極東永久の平和」の障害になるとしたのである。政府はロシアらの要請を受け入れるしかなく、同年末までに遼東半島から完全に撤兵し、返還の補償金として清国から3,000万両（約5,400万円）を得た。

下関条約
日本と清国それぞれの全権による、下関の料亭・春帆楼での交渉の様子（想像図）。正面中央が伊藤、向かって左が陸奥。

　三国干渉は、戦勝に酔いしれていた国民に大きな衝撃を与えた。たとえば、82年生まれの生方敏郎[※]は「私たち小学生徒でも先生やお父さんと一緒になって、泣くほどまでに遼東還付を口惜しがった」（『明治大正見聞史』）と回想し、63年生まれの徳富蘇峰[※※]は「この遼東半島還付が、予のほとんど一生における運命を支配したといっても差支えあるまい」（『蘇峰自伝』）と記している。ここから「臥薪嘗胆」（復讐の志を忘れず、達成まで辛苦に耐える）を合言葉に、ロシアへの敵愾心が国民間で高まっていく。

　日本の勝利によって、東アジアの情勢は大きく変わった。西洋列強は清国を「眠れる獅子」と考え畏怖していたが、敗戦によって「死せる鯨」となり、西洋列強は争って清国へ進出しはじめる（中国分割）。

「分割」される清国
列強の野望をケーキの切り分けにたとえた風刺画（1898年、フランス）。左からイギリス（ヴィクトリア女王）、ドイツ（ヴィルヘルム2世）、ロシア（ニコライ2世）。ロシアの後ろはフランス（共和国を象徴する女性像）。厳しい表情の男が日本、背後で両手を挙げている老人が清。

※　1882～1969。群馬県出身。評論家、随筆家。朝日新聞記者などを経て風刺に富んだ評論を発表。『明治大正見聞史』は1926年刊。個人雑誌『古人今人』を第二次世界大戦中、発禁処分を受けながらも続けた。
※※　1863～1957。肥後（熊本）出身。評論家。雑誌『国民之友』、日刊紙『国民新聞』創刊。平民主義を唱え80～90年代の言論界を主導。日清戦争後に政権に接近、第二次大戦中は日本文学報国会会長、大日本言論報国会会長で国策に協力。A級戦犯容疑者となるが不起訴。

❖❖❖ 閔妃殺害と対露外交

　朝鮮半島においても、清国にかわりロシアが影響力を強めようとしていた。日本は開戦後に大院君を政権へ就かせており、三国干渉後、閔妃らはロシアに接近する。伊藤博文は朝鮮政府への不干渉を閣議決定するが、新たに駐韓公使として赴任した三浦梧楼※は1895（明治28）年10月、日本軍守備隊らを王宮におくり閔妃を殺害した（閔妃殺害事件）。この事件を受け、高宗が家族を連れてロシア公使館に避難したため、かえって朝鮮政府に対するロシアの影響力は強まり、日本とロシアの関係が悪化した。なお、事件を知った伊藤は、三浦はじめ事件に参画した軍人らを急ぎ帰国させるが、軍人らは軍法会議にかけられ無罪、三浦らも広島地方裁判所の予審で証拠不十分として釈放された。

小村寿太郎（1855〜1911）

西徳二郎（1847〜1912）

　日本はロシアとの関係悪化を防ぐため、小村寿太郎※※を駐朝鮮公使に任じ駐朝鮮ロシア公使と閔妃殺害の事後処理について交渉し、96年5月、高宗の王宮帰還を勧告するなど決めた（小村＝ウェーバー協定）。また翌月、ロシア皇帝ニコライ2世の戴冠式に参加するため、特命全権大使としてモスクワを訪問した山県有朋はロシア外相と会談し、朝鮮半島への両国の権益を確認しあった（山県＝ロバノフ協定※※※）。さらに98年4月、西徳二郎※※※※外相が駐日ロシア公使と会談し、ロシアは朝鮮半島への日本の権益優越、日本は満洲へのロシアの権益優越を相互に認めた（西＝ローゼン協定）。こうして日本とロシアの関係は一時的に小康を得た。

第4節　戦後経営と立憲政友会の成立

　日清戦争とそれに続く三国干渉は、国内政治にも大きな影響を与えた。第2次伊藤内閣（1892〜96年）は急激に変化する東アジア情勢に対するため、軍備増強や官営八幡製鉄所（現在の日本製鉄九州製鉄所の前身）の建設、鉄道の敷設、台湾経営などからなる戦後経営方針を定めた。予算規模は軍事費の増大などにより戦前の2倍に急増したが、自由党の協力によって議会で可決された。終戦後より、自由党は政府と対立でなく相互利用することを選び、その対価として、自由党の板垣退助が内相として入閣した。

　　※　1847〜1926。長州出身。幕末の奇兵隊出身同士の山県とは対立した陸軍反主流派。同じく同郷の前原一誠らによる萩の乱を広島鎮台司令長官として鎮圧。閔妃殺害後、広島で投獄されるも免訴。晩年には民党に近づくなど、政界の黒幕として活動。陸軍中将。
　※※　日向（宮崎県）飫肥（おび）藩出身。文部省貸費留学第1回生として渡米しハーバード大卒業。陸奥宗光に認められ、各国大使を歴任。第1次および第2次桂内閣の外相として日英同盟、日露戦争後のポーツマス条約、韓国併合を推進。また、関税自主権の回復に貢献。
　※※※　ロシア外相ロバノフは、この前年に、本国からドイツ・フランスを誘い「三国干渉」を成功させた当時者。また、山県と交渉する一方で、山県と同じく戴冠式へ参加した清の李鴻章とも交渉し、満州におけるロシアに有利な条件を要求した（露清密約）。
※※※※　薩摩出身。サンクトペテルブルク大学に学び中央アジアを踏査。在任10年以上の駐露公使を経て、第2次松方内閣、第2次伊藤内閣で外相。1900年の北清事変に駐清公使で遭遇、北京籠城戦を経験。子息竹一（たけいち）は五輪金メダリスト、硫黄島で戦死。

　一方、大隈重信が率いる立憲改進党は小会派と合同し進歩党を結成し、三国干渉に対する政府の弱腰を強く批判した。伊藤は板垣のみならず大隈も内閣に取り込もうとするが失敗し、閣内不一致により1896（明治39）年8月に辞任した。

大隈重信（1838～1922）

　伊藤を継ぎ松方正義が2度目の組閣を行った。松方は大隈を外相に就任させ、進歩党と提携する（松隈内閣）。このように、終戦後より政府と政党の提携は当然のこととなった。松方は貨幣法を定めて「金本位制」を確立するなど経済基盤の強化に務めたが、軍備増強などの予算確保のために地租増徴を計画し、進歩党との関係が悪化した。松方は自由・進歩両党から内閣不信任案を提出されたために議会を解散するが、98年1月に辞任した。

板垣退助（1837～1919）

　松方を継ぎ、伊藤が3度目の組閣を行った。伊藤は自由・進歩両党に提携を求めるが、両党は選挙が近いことから内相のポストを求めたためうまくいかなかった。「超然内閣」（⇒第4章・第3節）を組織した伊藤は戦後経営の安定化のため地租増徴案を議会に提出するが、自由・進歩両党の結束により圧倒的大差で否決され、伊藤は議会を解散した。

❖❖❖ 初の政党内閣の誕生 —— 短命に終わった「隈板内閣」

　議会解散から約2週間後、自由・進歩両党が合併し憲政党が結成され、伊藤は首相の後継に大隈と板垣を推薦する。山県らは反対するが、明治天皇は大隈と板垣に組閣を命じた。こうして1898（明治31）年6月、大隈を首相（板垣は内相）とし陸相・海相をのぞき政党員が閣僚を占める初めての政党内閣が成立した（隈板内閣）。憲政党に対する国民の期待は高く、8月に行われた総選挙で憲政党は300議席中263議席をえた。しかし、党内では猟官運動が過熱しており、選挙直後に起きた尾崎行雄※文相の共和演説事件※※によって俄普請の憲政党は分裂する。旧自由党系は憲政党、旧進歩系は憲政本党に分れ、同年11月、隈板内閣は議会を経験することなく瓦解した。

　大隈の辞任をうけ山県が2度目の組閣を行った。山県は超然内閣を組織したが憲政党と提携し、5カ年の時限立法ながら地租増徴案を可決させた。また、文官任用令の改正や、軍部大臣現役武官制※※※の採用によって、政党の勢力拡大を妨げようとした。また、衆議院選挙法（⇒第4章・第3節）を改正して選挙権の条件を直接国税10円以上に緩和し、被選挙の納税条件を撤廃したうえ、大選挙区制を採用した。その一方、治安警察法を制定し、政治活動や労働・農民運動を規制した。

　※　1858～1954。相模国（神奈川県）出身。新聞記者を経て第1回衆議院議員選挙に当選。以後、連続25回当選し議員歴63年に至る。辞任した第1次大隈内閣の文相が初入閣。日露戦争前後の9年間、東京市長。第2次大隈内閣で司法相。（⇒第6章・第4節）
　※※　98年8月、教育者対象の演説会で発生。〈金権支配を批判する中で〉もしアメリカのような共和制になれば、三井・三菱のような富豪が大統領になると発言したとされる。これが（仮定であっても）天皇制の否定として政党内閣へ不満を抱く各層から非難が続出。さらに後任を尾崎と同じ旧進歩党（首相大隈自身が旧進歩党）の犬養毅としたため、旧自由党系議員からも批判され、政権が崩壊。
　※※※　陸相と海相を現役の大将・中将に限る制度。現役軍人の人事は陸・海軍が（天皇大権を理由に）それぞれ占有したため、現役武官制で陸相・海相の決定は軍部が掌握。首相の要請に従わない人選も可能で、陸軍・海軍が内閣の成立（不成立）に関与できる根拠となった。

❖•❖•❖ 「党」ではなく「会」── 「元老」が総裁となった立憲政友会

　なお、憲政党は山県に党員の入閣を求めるが拒否されたため、政党結成を望んでいた伊藤に接近し、1900（明治33）年9月に立憲政友会が結成された。「党」ではなく「会」としたのは、「党」には私的利害に基づく集団とのイメージがあるとして伊藤が嫌ったためという。立憲政友会は議会第一党となり、山県の推挙をうけ、伊藤が4度目の組閣を行った（政友会内閣）。なお、山県は政党政治を進める伊藤を快く思っておらず、議会運営の難航から伊藤に政権を押しつけようとした側面もあったという。

　第6章で説明するように当時、清国では北清事変が起きており、伊藤はこれに対するため増税案を議会に提出するが、山県の影響力が強い貴族院に反対される。元老（⇒第6章・第1節）でもあった伊藤を総裁とする政党が結成されたことで、政府と議会の関係は大きく変わったのである。ここは明治天皇の詔勅によって難を逃れるが、財政方針をめぐって閣内の意見が対立し、伊藤はわずか6カ月ばかりで辞任した。

　このように1890年代は、初期議会の混乱から始まり、日清戦争という日本が初めて経験する近代的な戦争における勝利を経て、国際社会における日本の立場を大きく向上させた。それに伴って国内の政治も大きく変化した。政府・民党ともに立憲政治とはいかにして行うものか経験を通じて学び、その関係性を変えたのである。また、日清戦争における勝利は、西洋列強を驚かせるもので、明治維新以来の近代化の成果として国民に強い自信を与えるものだった。しかし、その一方で、日本は国際社会と対峙する困難さも深く身をもって知ったのである。

［後藤　新］

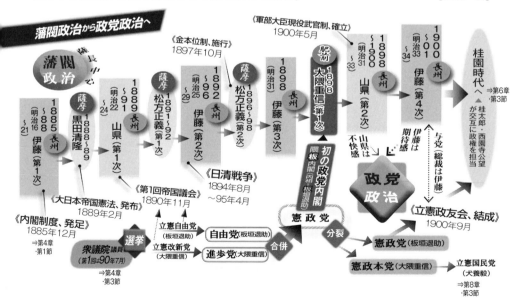

第6章
日露戦争と桂園時代

日露戦争の戦地(奉天)に集まった陸軍幹部。左から黒木為楨(第1軍司令官(薩摩出身))、野津道貫(第4軍司令官(薩摩出身))、山県有朋(参謀総長(長州出身))、大山巌(満州軍司令官(薩摩出身))、奥保鞏(第2軍司令官(小倉出身))、乃木希典(第3軍司令官(長州支藩出身))、児玉源太郎(満州軍総参謀長(長州支藩出身))、川村景明(鴨緑江軍司令官(薩摩出身))。

本章のキーワード

☐ 北清事変	☐ 戦後経営
☐ 桂太郎	☐ 日系移民
☐ 日露戦争	☐ 日韓併合
☐ ポーツマス条約	☐ 辛亥革命
☐ 西園寺公望	☐ 第一次護憲運動

第1節 桂太郎内閣の成立と日露戦争の開始

　日清戦争における日本の勝利によって清国への西洋列強の進出が加速し、日本もその流れに否応なく巻き込まれた。三国干渉（⇒第5章・第3節）により遼東半島は「極東永久の平和」のため清国に返還されたが、1898(明治31)年にドイツが山東半島の膠州湾を、ロシアが遼東半島の旅順と大連を清国から租借し、ドイツ・ロシアへ対抗するためイギリスも山東半島の威海衛を租借した。また、アメリカも98年にハワイを併合し、同年、米西戦争に勝利しスペインからグアム島やフィリピン諸島を譲渡された。こうして、急速に産業を発展させたアメリカも清国に進出しようとし、日本や西洋列強に門戸開放と機会均等を要望し経済活動の自由を求めた。国内ではこのような西洋列強の動きに対し、清国の保全を求める声が高まる一方で、積極的に清国の分割に参加すべきとの主張もなされた。

　清国内では西洋列強に対する不満が高まり、99年、黄河の氾濫による大旱魃をきっかけに「扶清滅洋」(清を扶けて外国を滅ぼす)を掲げる秘密宗教結社の義和団が山東省北部で蜂起した。摂政として清国の実権を掌握する西太后は1900年6月、蜂起の急速な拡大をうけ西洋列強に対し宣戦を布告するが、日本を含めイギリスやアメリカ、ロシアなど8カ国からなる連合軍によって蜂起はすぐに鎮圧された。

桂太郎(1848〜1913)

日本軍の規律は高く、世界的に高評価をえて「極東の憲兵」と称される（北清事変）。翌年9月、北京議定書が結ばれ責任者の処罰や賠償金の支払いが決まったが、北清事変を機に満州（現在の中国東北部）を占領したロシアは議定書の締結後も駐兵を続け、朝鮮にも影響力を強めようとした。こうして日本国内ではロシアに対する強硬論が高まった。

　このように東アジア情勢が大きく変化するなか、01（明治34）年6月に第4次伊藤（博文）内閣の総辞職をうけ桂太郎が組閣した。長州出身で陸軍大臣などを歴任した桂は、山県有朋の後継者と目されており、そのため桂内閣は"小山県内閣"などとも揶揄された。しかし、桂は元老※以外で任じられた初の首相であり、権力の世代交代を示すものであった。これ以降、元老は内閣の後見役となっていく（元老政治）。

　日本の社会も20世紀を迎え大きく変わろうとしていた。01年12月に開かれた第16議会では、議会の開院式を終え皇居に戻る途中の明治天皇へ田中正造※※※が足尾鉱毒問題について直訴し、また、河野広中※※※※らによって普通選挙法案が初めて提出された。足尾銅山は採掘のため最新の技術が次々と導入され全国一の生産量を誇るまでになったが、その代わり、広大な地域に鉱毒被害を及ぼしており、日本の急速な産業の発展がもたらした暗い影ともいえる問題だった。また、河野らが満20歳以上の男子に選挙権を与えるよう求めたことは、国民の政治意識が高まっていたことを示している。

河野広中（1849〜1923）

❖❖❖ 日英同盟の成立

　この議会の会期中、日英同盟が成立した。イギリスはロシアを牽制するため「栄光ある孤立」方針を捨て、日本と軍事義務を伴う同盟を結ぶ選択をしたのである。政府内では、満州や韓国（1897年に「朝鮮」は「大韓帝国」と改称）に対するイギリスの関心は低く、日英同盟はいたずらにロシアを刺激するだけだから、日本の韓国における権益をロシアに認めさせる代わりに、満州におけるロシアの権益を認めるべきとする満韓交換（日露協商）論派（伊藤、井上馨など）と、満韓交換は不可能として、日英同盟を結ぶことでロシアを牽制しようとする日英同盟論派（山県、桂、小村寿太郎など）に意見が分かれていた。イギリスの態度が曖昧なため、伊藤はロシアと交渉すべく旅立つが、それがイギリスを刺激し、同盟が結ばれることとなった。国内では同盟締結を強く喜び、ロシアとの開戦を求める声が高まっていく。

　桂内閣も、財源をめぐって議会との対立はあったものの、海軍の拡張を進めるなど開戦を想定し軍備増強に努めるが、開戦回避のためロシアとの満韓交換を目指し交渉

　　※　重要政務や組閣につき天皇に意見を述べた重臣。伊藤博文、山県有朋、井上馨（以上、長州出身）、黒田清隆、西郷従道、大山巌、松方正義（以上、薩摩出身）ら。大正時代に入り、桂太郎（長州出身）西園寺公望（公家出身）も加わる。1940年、西園寺の死去で消滅。
　※※　1841〜1913。下野（栃木県）出身。県会議員を経て、第1回衆議院議員選挙で当選（立憲改新党）。県内足尾銅山の廃液による渡良瀬川汚染を議会で訴え、被害農民の救済に奔走。明治天皇への直訴は01年議員辞職後。その後も鉱毒問題と治水事業に一生を捧げた。
　※※※　1849〜1923。陸奥三春藩（福島県）出身。自由民権運動、自由党結成に参加。福島事件（⇒第4章・第1節）で投獄。憲法発布の大赦で出獄。第1回衆議院議員選挙から14回連続当選。党派を移りながら普通選挙実現を主張。衆議院議長を経て、第2次大隈内閣で農商務相。

を継続した。しかし、ロシアは清国と満州からの撤兵を約束した後も駐兵を続けたため、開戦回避を強く求めていた伊藤でさえ覚悟を決め、ついに桂内閣はロシアとの開戦を決定する。ロシアは日本の姿勢に驚きイギリスに調停を求めるが拒否された。こうして04（明治37）年2月、日本はロシアに宣戦布告し、日露戦争が始まった。

第2節　日露戦争の経過と結果

　日露戦争は、日清戦争と比べ物にならないほどの大規模な戦争だった。政府は巨額な戦費を確保するため、地租（土地への税金）などの増税や相続税などの新設、塩やタバコの専売化に加え、国内外に向け多額の公債を発行した。また、国内で厭戦気分が高まるの恐れ新聞の検閲が行われたほか、不利な戦況は隠され連戦連勝との報道がなされた。

　戦争は主に清国内で行われ、遼東半島に上陸した陸軍は、旅順の陥落を目指す一方、遼陽や奉天でロシア軍を破った。海軍も黄海海戦や日本海海戦でロシア艦隊を破り、戦況は日本の優勢のうちに進んだ。ただし、軍首脳は開戦当初より、国力の差から短期決戦を想定しており、桂内閣も早くから講和斡旋の依頼に動いていた。

日露戦争

戦争の概略《陸軍》
1904年5月、遼東半島へ上陸開始。8月、ロシア旅順要塞への第1回総攻撃。8〜9月、遼陽会戦（日ロ両軍それぞれ10万人以上の大規模な会戦）。9〜10月、旅順第2回総攻撃。11〜12月、旅順第3回総攻撃、「203高地」を攻略。05年1月、旅順開城。2〜3月、奉天会戦（日本20万人以上、ロシア30万人以上、両軍が最大の兵力を投入した最後の決戦）。

戦争の概略《海軍》
1904年2月、仁川沖でロシア艦船と交戦（事実上の開戦）、旅順口への閉塞作戦も開始。8月、黄海海戦。ロシア太平洋艦隊（旅順が母港）を大破。05年5月、日本海海戦。連合艦隊が、バルチック艦隊（前年10月、ヨーロッパ側のロシア領バルト海を出発、日本海を経てウラジオストク港を目指し進攻）と対馬沖で交戦し、大勝。

ロシア
ウラジオストク（ヴラジヴォストーク）
（満州）
奉天会戦
遼陽会戦
旅順攻囲戦
奉天
遼陽
清
遼東半島
大連
旅順
山東半島
威海衛
黄海
平壌
元山
漢城
大韓帝国
釜山
済州島
日本海海戦
日本海
宇品（広島県）
対馬
佐世保（長崎県）
日本
仁川沖海戦
黄海海戦
仁川

児玉源太郎（1852〜1906）
陸軍大将。長州藩支藩の徳山藩出身。熊本鎮台参謀として士族反乱を鎮圧。台湾総督として総督府民政局長に後藤新平を抜擢、第4次伊藤内閣で陸相、第1次桂内閣で内相兼文相。開戦時は参謀本部次長。満州軍総参謀長として出征、旅順攻囲戦はじめ各会戦に貢献、戦後参謀総長。

乃木希典（1849〜1912）
陸軍大将。長州藩支藩の長府藩出身。戊辰戦争、西南戦争に従軍。日清戦争で第1旅団長に。台湾総督を経て、第3軍（東京、北海道、北陸の3師団が主力）司令官として旅順攻囲戦を指揮。戦後、学習院院長。明治天皇の大葬儀、夫人と共に殉死。このことで神格化された。

加藤友三郎（1861〜1923）
当時は少将、連合艦隊参謀長。海軍次官、ワシントン軍縮会議全権、のち首相。①第9章・第1節

加藤参謀長
安保砲術長

安保清種（1870〜1948）
当時は少佐、佐世保出身。戦後海軍次官、大角内閣で海相。①第10章・第2節

東郷司令長官
連合艦隊旗艦「三笠」艦橋（東城鉦太郎画）

東郷平八郎（1848〜1934）
元帥海軍大将。薩摩出身。戊辰戦争で海戦を体験。日清戦争で巡洋艦・浪速（なにわ）艦長で出撃。日露開戦を前に連合艦隊司令長官となり、旗艦「三笠」から作戦を指揮。日本海海戦の大勝により海軍屈指の英雄となる一方、英米との軍縮交渉に反対するなど軍政に大きな影響を及ぼした。

行軍中の陸軍歩兵（詳細不明）

　なお、開戦を求める声が高かったからといって、国民がみな戦争を望んでいたわけではない。当時、政友会所属の衆議院議員だった原敬（⇒第9章・第1節）は、宣戦布告の翌日の日記に「一般国民就中実業者は最も戦争を厭ふも表面に之を唱ふる勇気なし」（『原敬日記』）と記したし、社会主義者や宗教者によって反戦運動が行われ、歌人の与謝野晶子は雑誌『明星』に「君死にたまふことなかれ」と題する詩を発表した。

　日本はこの戦争にのべ100万人を動員し、死者は約8万5000人だった。また、約18億3000万円を費やしたが、1903年度予算が約2億5000万円だから、これらの数字からも、いかに困難な戦争だったかわかる。

セオドア・ルーズベルト
（1858〜1919）

　日本海海戦における勝利の直後、日本の依頼をうけアメリカのセオドア・ルーズベルト※大統領が講和斡旋に動いた。清国への進出後発国のアメリカからすれば、日本とロシアのいずれかが圧倒的な勝利をするより、均衡と対立が続く状態を維持する方が好ましい、との判断があったともいう。

❖･❖･❖ ポーツマス条約をめぐる国民の不満 — 日比谷焼打ち事件

　こうして1905（明治38）年8月、アメリカ北東部の港町ポーツマスで日本側全権小村とロシア全権セルゲイ・ウィッテ※※の間に講和交渉が行われた。ウィッテは、この戦争には勝者も敗者もいないとして領土の割譲や賠償金の支払いを拒否し、交渉は暗礁にのりあげた。

　日本の国力は限界を越えようとしていたが、ロシア国内でも厭戦気分が高まり、血の日曜日事件※※※が起きるなど革命運動が全国に拡がりつつあって、これ以上の戦争継続は難しかった。そのため日本が領土割譲と賠償金の要求を放棄したことで、15条からなる講和条約が結ばれる（ポーツマス条約）。

　講和条約の内容は主に、①ロシアは韓国における日本の政治的・軍事的・経済的優越を承認する、②ロシアは日本へ遼東半島の租借地を譲渡する、③ロシアは日本へ長春・旅順間の鉄道およびその支線と、これら鉄道に付帯する一切の権益を譲渡する、④ロシアは日本へ樺太島の南半分を譲渡する、⑤ロシアは

ポーツマス会議
テーブルの向こう側左から3人めが、ロシア全権・ウィッテ。手前側左から3人めが、日本全権・小村寿太郎（外相）、4人目が高平小五郎（駐米公使）。

　※　第26代大統領。共和党。ニューヨーク州知事。パナマにコロンビアからの独立を働きかけ、運河建設を実現するなど積極外交を展開。任期満了後、共和党から分かれた革新党から再度立候補したが、民主党のウィルソンに敗北。のちのフランクリン・ルーズベルトは遠縁。
　※※　1849〜1915。当時、ロシア帝国蔵相。条約締結後、首相となる。
　※※※　1905年1月22日（ロシア暦で9日）、首都サンクトペテルブルクで発生。聖職者に率いられた穏健な請願行進中の労働者が軍隊の発砲を受け、2000人以上が死傷。貧困救済は求めても、皇帝への崇拝は抱いていた民衆の離反が進み、革命の端緒となったとされる。
　（⇒第8章・第1節）

日本へ日本海・オホーツク海・ベーリング海に面したロシア領土の沿岸における漁業権を付与する、などだった。

　こうして日露戦争は終了するが、不利な戦況を隠していたこともあって、国内では領土割譲と賠償金の支払いを含まない講和条約に反対する声も強かった。そのため、条約締結の9月5日、憲政本党の河野広中（⇒第1節）を座長とする対外硬派9団体による国民大会が東京日比谷公園で開催され、3万を超える群衆が参加して講和条約破棄と戦争継続を決議した。群衆の興奮は暴動となり、講和条約支持を表明していた国民新聞社や内相官邸※、警察署や交番・派出所を焼き打ちした。暴動は翌日まで続き、政府が戒厳令を発し軍隊を動員してようやく収まった（日比谷焼き打ち事件）。政治学者の吉野作造（⇒第9章・第3節）は後に、「民衆が政治上に於て一つの勢力として動くといふ傾向の流行するに至つた初め」（「民衆的示威運動を論ず」）の事件と評している。

第3節　桂園時代と東アジアへの進出 —「戦後」経営の問題点

　日本の勝利は世界を強く驚かせた。とくに清国やインドなど西洋列強の圧制に苦しんでいた人々は、日本の勝利に大きな希望をもった。日本の国際的な地位は著しく向上したが、それは同時に西洋列強へ強い警戒心を抱かせることともなった。

西園寺公望（1849〜1940）

　銀行家の山室宗文※※が「戦争後気位は高いが、金は無いと云ふ貧乏士族の如き観があつた」（「欧州戦争と我財界」）と指摘しているように、莫大な戦費を費やしながら賠償金をえられず、また貿易赤字も続いていたため、戦後経営は大変に困難なものとなった。戦後経営の主なポイントは、①南樺太の経営、②南満州の経営、③韓国問題、④鉄道の国有化による収入の確保、⑤軍備拡張などだった。この困難な戦後経営を担ったのは、山県の後継者たる桂と伊藤から政友会総裁を継いだ西園寺公望で、両者は大正の初めまで交互に政権を担当する（桂園時代）。

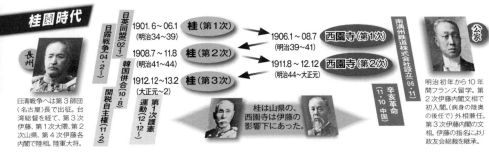

桂園時代

長州

日清戦争へは第3師団（名古屋）長で出征。台湾総督を経て、第3次伊藤、第1次大隈、第2次山県、第4次伊藤各内閣で陸相。陸軍大将。

日英同盟 02・1	1901.6〜06.1（明治34〜39）　桂（第1次）
日露戦争 04・2〜	1908.7〜11.8（明治41〜44）　桂（第2次）
韓国併合 10・8	1912.12〜13.2（大正元〜2）　桂（第3次）
関税自主権 11・2	
運動 12・12〜	
第1次護憲 12・12〜	

1906.1〜08.7（明治39〜41）　西園寺（第1次）

1911.8〜12.12（明治44〜大正元）　西園寺（第2次）

桂は山県の、西園寺は伊藤の影響下にあった。

南満州鉄道株式会社設立 06・11

11・10　辛亥革命中国

公家

明治初年から10年間フランス留学。第2次伊藤内閣文相で初入閣（病身の陸奥の後任で）外相兼任。第3次伊藤内閣の文相、伊藤の指名により政友会総裁を継承。

※　所在地は現在の帝国ホテル（千代田区内幸町1丁目）。当時の内相は、芳川顕正（よしかわあきまさ）（徳島出身）。芳川は「教育勅語」発布時（1890年、第1次山県内閣）の文相。なお内相の監督下にあった警視総監・安立綱之（あだちつなゆき）（薩摩出身）は、引責辞任。
※※　1880〜1950。熊本県出身。三菱合資会社銀行部紐育（ニューヨーク）支店長、三菱銀行取締役、三菱信託会社会長、三菱地所会長。1945年、敗戦後のGHQ指令による財閥解体まで三菱財閥を率いた経営陣の一人。

貴族院（⇒第4章・第3節）を支持基盤とする桂は、政友会と憲政本党（1910年3月より立憲国民党）の提携による政党内閣の出現を恐れており、衆議院を基盤とする西園寺は、政党のみによる政権運営は難しいとし、藩閥官僚と政党の提携が重要と考えていた。士族出身で政治手腕に富む桂と、公家出身で開明的な教養人であった西園寺では、政策の方針も対照的で、産業の発展により台頭しつつあった社会主義運動に対し、桂は厳しく取り締まる一方で社会政策を実施したが、西園寺は運動を激化させるとして過度の取り締まりに消極的であった。

桂は第2次内閣の際、国民の気風を引き締めるため「戊申詔書※」を発布し、翌年からは地方改良運動も開始している。また、外交においても桂が権益確保に積極的であったのに対し、西園寺は国際協調を重視し権益確保に慎重であった。両者は対立を内包しつつ、互いに補完しながら困難な戦後経営を進めていく。なお、桂も第2次内閣の頃より政党の必要を認識し、山県ら元老からの自立を図ろうとした。

❖❖❖ 「満鉄」の設立

日本は1904（明治37）年2月に日韓議定書、同年8月に第1次日韓協約を結び、韓国の保護国化を進めていた。また、05年7月、桂はアメリカの陸軍長官と、日本がアメリカのフィリピン領有を認める代わりに、アメリカは日本の韓国保護国化を認める秘密協定を結んでおり（桂＝タフト協定※※）、イギリスとは日英同盟を攻守同盟に改め、イギリスのインド支配と日本の韓国保護国化を相互に認めた。

こうして日本は終戦直後、韓国と第2次日韓協約を締結し、統監府（伊藤が初代統監に就任）を設置して韓国の外交権を掌握した。07年には、皇帝高宗がオランダで開催された第2回万国平和会議に密使を送ると（ハーグ密使事件※※※）、日本は第3次日韓協約を結び、統監府が韓国の内政権も掌握した。

南満州においては、06年にロシアから継承した権益を維持・発展するため半官半民の南満州鉄道株式会社（満鉄）を設立した。また、旅順に関東都督府（ポーツマス条約締結後に置かれた関東総督府の後身）を設置し、南満州を経済的・政治的に支配した。戦争中、日本は西洋列強に対し、清国の保全と門戸開放をアピールしていたが、日本による南満州における支配権の強化は、清国内の反日感情を高まらせただけでなく、イギリスやアメリカからの批判も生じさせた。

終戦後、日本はロシアの復讐を恐れていたが、イギリスやアメリカが満州に進出する姿勢を見せたことや、ロシアがバルカン半島進出に方針を転換したことで、日本とロシアは急速に接近した。07年7月、日本は朝鮮半島と南満州、ロシアは外蒙古と北

※　「戊申」は1908年の干支（えと）。10月13日発布。皇室を中心とした団結と節約を求め、当時広まりつつあった個人主義や社会主義への戒めを込めたもの。推進したのは内相の平田東助（とうすけ）。平田は米沢藩（山形県）出身だが、夫人は山県の養嗣子（甥）伊三郎の妹。
※※　タフトは当時陸軍長官で、T.ルーズベルト大統領の特使として来日。
※※※　参加各国は韓国の外交権が日本にあるとして密使（3人）の首席を拒否。出席していた日本全権大使は都筑馨六（つづき・けいろく）。都筑は西条藩（愛媛県）出身の外務官僚。井上馨外相（第1次伊藤内閣）秘書官、第1次山県内閣で首相秘書官。夫人は井上馨の養女。

満州に優越的な権益を有することを相互に認める日露協約を締結し、この協約は17年
にロシア革命（⇒第8章・第1節）がおきるまで4度にわったって改定される。

第4節 英米との対立の萌芽と第一次護憲運動

❖⋯ アメリカとの日系移民問題

このころ、日本とアメリカの間では日系移民も大きな問題となっていた。19世紀
末よりアメリカ本土へ日系移民が渡航し始めたが、人種的偏見や移民増加による労働
市場の圧迫などにより、日系移民に対する排斥運動が起こったのである。1906（明治
39）年10月に起きたサンフランシスコ学童入学拒否事件を発端として、移民問題は日
米間の外交問題に発展した。ただし、08年2月に日米紳士協約が成立し日本が移民の
自主制限を約束したほか、同年10月、アメリカの大西洋艦隊（白船艦隊※）が世界周航
の途中、横浜で大歓迎をうけたことなどによって両国の関係悪化は防がれた。

同年11月、ワシントンで駐米大使高平小五郎※※が国務長官と会談し、太平洋の現
状維持や清国における商売上の機会均等主義の尊重などを約束した（高平＝ルート協定）。
この協定はアメリカに日本の満州権益を認めさせるものであり、清国における日本と
アメリカの対立もとりあえず収束した。ただし、翌年にタフトが大
統領に就任すると、アメリカは豊富な経済力を背景にドル外交とも
称される積極的な海外投資を行い、清国に進出する。その一環とし
て、アメリカは満州鉄道の中立化を日本も含め西洋列強に提案する
が、日本やロシアなどの反対によって実現しなかった。このように
清国での権益は日本とアメリカを対立させる要因となっていく。

高平小五郎（1854〜1926）

❖⋯ 韓国を併合

東アジアをめぐる複雑な国際社会の“ゲーム”（⇒第7章・第4節）に参加し始めた日本だっ
たが、韓国に対しては着実に保護国化を進めており、政府内では併合が既定路線とな
っていた。政府内ではその時期をめぐり意見が対立していたが、併合に慎重だった伊
藤が1909（明治42）年10月にハルビン※※※駅で暗殺されたことで状況は大きく変わる。
10年8月、第2次桂内閣において、日本は韓国と日韓併合に関する条約を結び、韓国
を併合した（1905年設置の韓国統監府は、朝鮮総督府に改組された）。

※ 「Great White Fleet」が正式名称。来航した米戦艦8隻の塗装は白色（平時用）であり、半世紀前に来航したペリー艦隊の「黒船」
　を意識して「白船」と呼ばれたという。日本海軍は日露戦争の旗艦「三笠」ほかで迎えた。
※※ 1854〜1926。一ノ関藩（岩手県）出身。各国公使館勤務を経て1907年から米国公使。ポーツマス会議にも、小村外相と共に出席。
　会談したルート国務長官は、その後の日米関係に影響を与えるワシントン軍縮会議（1921〜22）でもアメリカ全権代表となる。
※※※ 「哈爾浜」。中国最北部の黒竜江省の市。当時、駅と路線（東清鉄道）はロシアに権益があり、伊藤（枢密院議長。6月まで韓国統監）
　はロシア蔵相ココツェフと会談のため来訪。殺害犯の韓国人活動家・安重根はロシア側が捕え、日本に引き渡された翌年に処刑。

しかし、東アジアをめぐる情勢はさらに複雑化する。1911年、孫文※の影響を受けた辛亥革命が起こり、清国が崩壊したのである。第2次西園寺内閣は欧米協調・清朝支持を基本方針としたが、イギリスの支援によって袁世凱が中華民国総統に就任すると、国内では内政干渉や権益確保を求める声が高まる。批判の矛先は、政府とともにイギリスへも向けられ、さらなる東アジア進出のためには日英同盟が妨げになるのではないかとの意見も出始めたのである。

上原勇作（1856〜1933）

陸軍は第2次西園寺内閣に対し、07年に定められた帝国国防方針に基づき、朝鮮半島に配備するため二個師団の増設を求めていた。しかし、西園寺が財政難からこれを拒むと、上原勇作※※陸相が辞任し、陸軍は後任を推挙しなかった。こうして12（大正元）年12月に西園寺は辞任し、桂が三度目の組閣を行った。

尾崎行雄（1858〜1954）

桂に首相就任を促したのは西園寺だったが、長州閥で陸軍の長老たる桂に対し、政友会の尾崎行雄（⇒第5章・第4節）や立憲国民党の犬養毅（⇒第10章・第2節）らが「閥族打破」や「憲政擁護」を掲げ強く批判した（第一次護憲運動）。桂は藩閥政治家としてのイメージを払拭するため、新党の結成を発表するなどして批判をかわそうとするが、この運動は瞬く間に全国に広がり、13年2月には数万の群衆が議場を囲むまでに至った。「若し尚お辞職せずんば、殆んど革命的騒動を起こしたることならん」（『原敬日記』）ほどの状況となっており、桂はついに辞任した（大正政変）。民衆は内閣を倒すほどの力を得たのである。

このように1900年代は、日露戦争と戦後経営に追われた10年間だった。その間、国内においては伊藤や山県など「元老」が政治の第一線から身を引き、桂や西園寺など次の世代に権力が移譲された。産業の発展や日露戦争の勝利などによって人々の政治意識は大きく変わり、日比谷焼き打ち事件や第一次護憲運動のように、民衆は一つの政治的勢力として無視できない存在へと成長する。

また、国外に目を移すと、日露戦争の勝利によって、日本の国際社会における地位は大きく向上した。ロシアからの領土割譲はなかったが、満州や朝鮮半島に確固たる地位を築き、東アジアにおけるパワーゲームに参加する。しかし、それは一方で、イギリスやアメリカなど西洋列強との関係を大きく変えるものであり、とくに中国における権益は、イギリスやアメリカとの対立の萌芽となっていく。

[後藤 新]

※　1866〜1925。広東省出身。医業を営むが、日清戦争後にハワイで政治結社を組織。東京、ロンドンでも活動を展開。辛亥革命発生時には渡米中で、帰国後、臨時大総統に推薦。しかし、清の軍閥で、皇帝を退位させた袁世凱により初代大総統の地位を追われた。
※※　日向（宮崎県）都城（みやこのじょう）の薩摩藩支藩の出身。日露戦争で第4軍参謀長（同軍司令官・野津道貫は夫人の父）。各師団長を経て第2次西園寺内閣の陸相で初入閣。辞任後、教育総監・参謀総長（陸相と併せ「3長官」と呼ぶ陸軍最高の職位）を歴任。元帥陸軍大将。

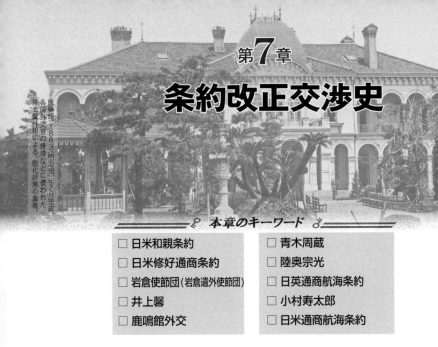

鹿鳴館。1883（明治16）年7月完成。井上馨外相による、欧化政策の象徴。各国外交官の接待などに使われた。⇒本章・第3節

第7章
条約改正交渉史

❧ 本章のキーワード ❧

☐ 日米和親条約

☐ 日米修好通商条約

☐ 岩倉使節団（岩倉遣外使節団）

☐ 井上馨

☐ 鹿鳴館外交

☐ 青木周蔵

☐ 陸奥宗光

☐ 日英通商航海条約

☐ 小村寿太郎

☐ 日米通商航海条約

第1節 江戸幕府と「安政の五カ国条約」

　日本が近代国際社会に組み込まれていくことになった大きな契機は、1853（嘉永6）年6月3日のアメリカ東インド艦隊司令長官マシュー・C・ペリー（Matthew C. Perry）の浦賀来航であろう（⇒第1章・第2節）。ペリーは、艦隊の軍事力を背景とする「砲艦外交」を展開し、翌年1月の再来航により、3月3日に江戸幕府との間に日米和親条約を締結して日本を開国させることに成功する。もっとも、ペリーは通商条約の締結を目標としていたがこれはかなわず、続いて米国総領事として来日したタウンゼント・ハリス（Townsend Harris）が58（安政5）年6月19日に締結した日米修好通商条約によって実現する。アメリカに続いて、イギリス・フランス・ロシア・オランダとも通商条約が締結され、これらは「安政の五カ国条約」と総称されることもある。

　「安政の五カ国条約」は、領事裁判権（治外法権）の容認、協定関税制（関税自主権の喪失）、片務的最恵国待遇※の容認などの点から、不平等条約であると評価されており、交渉に当たった幕府の不明が批判されることもしばしばである。しかし、例えば協定関税制の問題を見れば、日米間の条約交渉において、ハリスは輸入品に対する一般関税として20％の税率を提示している。これは、当時において自由貿易を主張していたイギリスを除く欧米各国の税率が概ね15％前後であったことに鑑みると、対等の条件か、むしろ日本に有利な内容であると見ることもできる。実際にハリスとの交渉に当たっ

　※ 最恵国待遇は、＜いずれかの国に与える最も有利な待遇を、他のすべての加盟国に対して与えなければならないという＞、今の国際社会に通ずる＜多角的貿易体制を支える基本原則＞（経済産業省Webページより）。「片務的」とは、この原則が、上記5カ国に対して日本は同等な実行が義務づけられているのに、各国は日本に対してその義務を負わず、日本が不利となることを意味する。

た岩瀬忠震や井上清直（⇒第1章・第2節）は、ハリスの主張をまとめて150以上に及ぶ論点整理を行い、その矛盾や事実との相違点を鋭く指摘するなど、ハリス自身からも評価された優秀な交渉担当者であったといえる。

❖ 欧米との国力の差 ── 「攘夷」の放棄、関税引き下げの容認

こうした内容が日本にとって一方的に不利なものへと変わっていったのは、長州藩による下関外国船砲撃事件※や、薩摩藩による生麦事件※※のほか、尊攘派（尊王攘夷派）志士によってたびたび引き起こされた外国人殺傷事件、さらには、孝明天皇の強い反対があり、通商条約の勅許獲得が難航したことや、開港地として指定した兵庫（神戸）の開港延期を余儀なくされたことなどから、イギリスを中心とする各国から関税全般を5％に引き下げることを強要されたためである。下関事件の賠償金300万ドルを100万ドルに引き下げることなどを要件として、幕府は1866（慶応2）年5月に「改税約書」を英・米・仏・蘭の4カ国と締結し、関税の引き下げを容認した。以後、関税自主権を回復するまでの間、日本は欧米各国からの安価な輸入品の大量流入によって国内産業が大きな打撃と脅威を受けることになるのである。

生麦事件を発端として薩英戦争を経験した薩摩藩や、下関事件の報復として英仏米蘭の四カ国連合艦隊に下関を砲撃されて大損害を出した長州藩は、欧米各国との国力の格差を痛感し、攘夷を放棄していた。その後、薩長両藩はイギリスへの接近を試み、長崎を拠点とする貿易商のトーマス・グラバー（Thomas Glover）などの仲介により、密出国ではあるが、イギリスに留学生を派遣している。彼らはのちに、「長州ファイブ」「薩摩スチューデント」などと呼ばれ、その中には、伊藤博文（⇒第4章・第1節）や井上馨（⇒第3章・第2節）、五代友厚※※※、寺島宗則（⇒第2節）など、明治以降に活躍する人材も多かった。

一方、幕府も通商条約の批准書交換や開港延期交渉などのため、たびたび欧米に使節団を派遣しており、あわせて欧州各国に留学生を派遣している。幕府の留学生には榎本武揚（⇒第2章・第1節）や西周、津田真道、林董、中村正直※※※※など、やはり明治以降に政府や言論界などで活躍する多数の人材がいた。

薩長両藩がイギリスに接近しつつあったことから、駐日フランス公使のレオン・ロッシュ（Léon Roches）は幕府を支援して「慶応の改革」（⇒第1章・第4節）に協力するなど、イギリスに対抗する姿勢を見せたが、大政奉還により改革は頓挫するのである。

※ 1863年、長州藩が「攘夷（じょうい）」遂行のため、下関海峡を通過中の米英などの艦船を砲撃した事件。
※※ 生麦（現在の横浜市鶴見区内）で1862年、江戸から薩摩へ帰国途中の島津久光（藩主忠義の父）の行列に、騎乗のイギリス人4名が遭遇。薩摩藩士が1名を斬殺、2名を負傷させた事件。翌年、イギリスは報復のため艦隊を鹿児島湾に派兵、薩摩藩船と交戦（薩英戦争）。
※※※ 薩摩出身。薩英戦争に従軍（寺島宗則も）、落命で欧州視察、新政府に出仕後、実業家となり、大阪株式取引所、大阪商法会議所を創設。
※※※※ 西（1829～97）は哲学者。津和野（島根県）出身。留学帰国後、幕府開成所教授。明治新政府で元老院議官。西欧思想の紹介に尽力。「哲学」「主観・客観」「理性・感性」「帰納・演繹」はじめ多くの学術用語を確立。／津田（1829～1903）は法学者。津山（岡山県）出身。西と共にオランダ留学。日本初の西洋法律書『泰西国法論』を刊行。新政府の法制度の整備に寄与。第1回衆議院議員に当選し、後に貴族院議員。／林（1850～1913）は外交官。佐倉（千葉県）出身。留学帰国後、榎本武揚に従い箱館戦争に参加。入獄後、新政府に認められ外務省出仕。日英同盟締結に貢献。第1次西園寺内閣で外相。／中村（1832～91）は、教育思想家。幕府下級役人出身。留学帰国後、スマイルズ "Self-Help" を『西国立志編』として編訳刊行、大ベストセラーとなる。東大教授、女子高等師範学校校長。

第2節　難航する条約改正交渉

　「王政復古の大号令」により発足を宣言した明治政府は、前政権であった江戸幕府によって締結された条約等を破棄せずにすべて継承した。これは、国際法上の慣習ではあるが、発足当初、戊辰戦争（⇒第2章・第1節）を戦わねばならなかった明治政府はこうした対外的アピールを行うことで、日本における正当な政府であることを国際的に承認されることを求めたともいえる。

　戊辰戦争において勝利を収めたこととも相まって、明治政府は日本の正当な政府として国際的に承認された。だが、条約等において江戸幕府を継承したことは、領事裁判権や関税自主権の問題もそのまま継承することを意味する。明治以降も、すでに産業革命を達成した欧米各国から安価な製品が大量に流入して国内産業を圧迫し、貿易赤字をもたらすという構造に変化はないため、政府は日本における経済・産業育成のためにも不平等条約の改正に取り組まねばならなかったのである。

❖❖❖ 岩倉使節団と寺島外交

　明治政府が条約改正に向けて最初に取り組んだのは、岩倉具視を大使とする、通称「岩倉使節団」の派遣であった（⇒第3章・第1節）。日米修好通商条約は、第13条で1872（明治5）年7月4日より条約改正を可能とすることを規定していたことから、政府は条約改正に向けた予備交渉を進めるべく、欧米各国に向けた使節団の派遣を決定したのである。

　当初、駐米中弁務使（駐米公使に相当）の森有礼※より、アメリカの親日的態度を報告されていたこともあり、改正交渉を楽観視していた日本側であったが、その目論見は大きく外れ、アメリカは全権委任状の不備の指摘をはじめ、条約改正に厳しい態度を示した。アメリカにおける交渉の失敗から、使節団は続くヨーロッパ諸国での改正交渉を諦め、国際親善と海外情勢の視察を中心に、約1年10カ月にわたる外遊を行った。政府首脳が直接に欧米各国の実情に触れたことは、近代化政策の推進において有益ではあったが、その一方で、いわゆる「留守政府」首脳との間に「征韓論」をめぐる政変を生じ、政府分裂の危機に直面することになる。

　明治六年政変（⇒第3章・第1節）の後に参議兼外務卿（のちの外務大臣に相当）として条約改正交渉に当たったのは寺島宗則（⇒第2章・第4節）であった。寺島は明治政府において外交官となり、スペインやハワイとの通商条約締結に関わるなど、外交交渉の経験も有していた。

　寺島は、国内産業への打撃や貿易赤字など、近代化改革の途上にある日本にとって、経済的基盤を危うくする関税自主権をめぐる問題を

寺島宗則（1832～93）

※ 1847～89。薩摩出身。薩英戦争後、藩命で英米に留学。帰国後、新政府で欧化政策を主張。伊藤博文に認められ第1次内閣で初代文相。黒田内閣でも留任、教育制度改革を推進したが、大日本帝国憲法発布がされた1889年2月11日国粋主義者によって刺殺。

より優先的に解決すべきであると判断した。寺島は、ともに「薩摩スチューデント」として
してイギリスに留学し、駐米公使となっていた吉田清成※を通じて、アメリカとの間で
関税自主権の回復に成功する。これは、交渉を担当した吉田と米国国務長官ウィリアム・
エヴァーツの名を取って「吉田・エヴァーツ条約」と通称される。なお、第10条に、
他国が同様の規定を認めなければ批准されても発効しないという条件が付されており、
対日貿易の利益が減ずることを嫌った英・独・仏の反対のため、同条約は無効となる。

　一方、各国との交渉中に、イギリス商人ジョン・ハートレーによるアヘンの密輸を
めぐる「ハートレー事件」(77年)や、当時、猖獗を極めていたコレラの流行に対応すべ
く日本が定めた検疫規則を無視して、ドイツ商船ヘスペリア号がドイツ軍艦の護衛の
下に横浜への入港を強行した「ヘスペリア号事件」(79年)が発生するなど、領事裁判権
のもたらす弊害に注目が集まっていった。寺島は、政府内において領事裁判権の問題
を優先すべきとする見解が強まったことや条約改正交渉の行き詰まりなどもあり、79
年に外務卿を辞任した。

❖❖❖ 井上馨と「鹿鳴館外交」—— 極端な欧化政策

井上馨(1836～1915)

　寺島に続いて外務卿として条約改正交渉に臨んだのは、「長州ファイ
ブ」の一人である井上馨であった。井上は、寺島の失敗の経験を
踏まえ、各国との個別交渉ではなく、関係各国が一堂に会して条約
改正交渉を行う「条約改正会議」により交渉を進めた。

　井上は当初、関税自主権の回復と領事裁判権の撤廃を同時に実現
すべく各国に改正案を通知したが、日本の要求のみが列挙されているとして否定的な
評価を受けた。このため、井上は具体的な条件の協議などのために1882(明治15)年1
月から20回以上にわたって予議会(予備交渉会議)を東京で開催した。井上は各国との交
渉を通じて、日本も譲歩を示さなければ交渉は妥結しないと考え、86年の最終案は次
の内容となった。すなわち、①関税を5％から11％に引き上げる、②領事裁判権を撤
廃する、③判事及び検事に外国人を任用する、④外国人が関わる裁判では公用語を英
語とし、過半数を外国人判事とする、⑤外国人に内地雑居の自由を認める、というも
のである。

　井上の交渉案は、日本の国益を著しく損なうものとして政府内外から強い批判を受
けた。86年に発生した「ノルマントン号事件※※」の影響により世論が沸騰して井上
に対する批判が高まったこともあり、ついに井上は交渉を断念せざるを得なくなった。
こうして87年7月に各国に対して交渉の無期延期を通告し、同年9月には井上が責任
を負って外相を辞任した。

※　1845～91。薩摩出身。留学帰国後、新政府で大蔵省に出仕。逼迫する財政問題を解決するため、英米両国での外国債募集中の74
　　年に駐米公使に任ぜられ、条約改正交渉に尽力。帰国後、外務大輔(次官)、農商務次官を歴任したが急逝。
※※　1886年10月、英国客船ノルマントン号が和歌山県沖で難破、船長を含むイギリス・ドイツ人船員は26名全員ボートで脱出したが、
　　日本人乗客25人全員は船内に残され溺死した事件。海難審判に当たった神戸の英国領事は不平等条約の下、船長を無罪とした。

　ところで、井上は日比谷（ひびや）に鹿鳴館（ろくめいかん）※を建設し、各国の外交官を招いて連日の舞踏会やバザーを行ったことをはじめ、極端な欧化政策をとった。井上の方針は「鹿鳴館外交」とも呼ばれ、国内外から多くの批判や冷笑を受けることになったが、その背景には、当時の国際社会観をめぐる問題があった。

　すなわち、キリスト教文化を共有する欧米各国を「文明国」、非キリスト教文化だが欧米が国家と認める国家群を「半開国」、部族社会など、欧米が国家と認めない地域・国家群を「未開国」とする認識である。国際法は「文明国」間のルールであるため、「半開国」とされた日本や中国などは対等な国家とは見なされておらず、それゆえに不平等条約の改正には、同水準の「文明国」として欧米各国に認識される必要があった。このため、井上は極端な欧化政策により、日本が欧米と変わらない「文明国」であることをアピールしようとしたのである。

❖〰 大隈外交 ── 個別交渉の推進と失敗

大隈重信（1838〜1922）

　井上の次に外務大臣（外相（がいしょう））として条約改正交渉に当たったのは、大隈重信（おおくましげのぶ）（⇒第3章・第1節、第5章・第4節）である。大隈は、井上の「条約改正会議」方式は、国力が不十分な当時の日本が欧米列強と交渉する上ではかえって弊害が大きいと判断し、個別交渉に再び路線を転換した。

　大隈は領事裁判権の撤廃を優先して交渉を進め、従来、無条件に認めていた最恵国待遇（⇒第1節）に条件を付すことや、関税の引き上げなどを巧みに要求に加え、さらに外国人判事の任用も大審院（だいしんいん）（現在の最高裁判所に相当）に限定することなどを条件として、1889（明治22）年には米・独・露の各国との改正条約締結に漕ぎつけていた。しかし、改正に反対するイギリスによって、秘密交渉で進められていた改正案の内容が同国の新聞『タイムズ』において公表されると、外国人判事の任用が争点となって大隈に対する政府内外からの批判が高まった。

　当時の黒田清隆（くろだきよたか）内閣（1888〜89）も、大隈案による改正を強行しようとする黒田・大隈らと、それに反対する多数の閣僚が対立する状況となった。しかし、89年10月、国粋主義者によって大隈が襲撃され、右脚切断の重傷を負ったため、大隈は外相を辞任し、条約改正交渉も各国に対して無期延期の通告がなされ、実質的には中止とされた。

第3節 条約改正の兆し ── 青木外交と榎本外交

　大隈の後を受けて外相となったのは、外務次官を務めていた青木周蔵（あおきしゅうぞう）※※であった。

　※　1883年に完成（本章最初の写真参照）。90年に宮内省に払い下げられ、98年「華族会館」に改称。1940年取り壊し。立地は現在の帝国ホテルの隣（千代田区内幸町1丁目）、日比谷U−1ビル（旧・NBF日比谷ビル、それ以前は大和生命ビル）敷地内。
　※※　1844〜1914。長州出身。藩命でドイツ留学。新政府で駐独公使。オーストリア、オランダ公使も兼任。外務次官、外相時代などを除いてドイツ滞在期間が長く、夫人もドイツ（プロイセン）貴族の令嬢。

青木は、①外国人判事は一切任用しないこと、②欧米をモデルとする法典編纂を各国に対する公約としないこと、③領事裁判権廃止後は日本在住の外国人は日本の法に従うことの3点を、条約改正の基本方針として内外に示した。従来、日本との条約改正に反対を示してきたイギリスが、ロシアとの対立などの国際情勢上の問題から日本に融和的姿勢を示すようになったこともあり、条約改正交渉に応ずることを通告した。

青木周蔵(1844~1914)

　一方、日本においても、法典編纂を各国に対して公約しないという方針を示したものの、領事裁判権の撤廃に関する交渉を進める必要性から法制度をはじめとする近代的諸制度の整備を積極的に推進していた。1989(明治22)年2月には大日本帝国憲法が発布され、90年には、第1回衆議院議員総選挙の実施と、第1回帝国議会(国会)の開会が行われた(⇒第4章・第2、第3節)。さらに90年中に、裁判所構成法や治罪法(現在の刑事訴訟法に相当)、民法、民事訴訟法、商法などが次々と公布された。

榎本武揚(1836~1908)

　条約改正における最難関であるイギリスとの交渉が順調に進展する中、91年5月にシベリア鉄道の起工式に出席する途中で来日したロシア皇太子ニコライ(後の皇帝ニコライ2世)が、訪問先の滋賀県大津で警備に当たっていた巡査の津田三蔵に襲撃されて負傷する「大津事件」が発生した。青木は、津田に対する厳罰をロシアに対して約していたが、大審院は死刑ではなく無期徒刑(無期懲役に相当)の判決を下したため、ロシアへの配慮から外相を引責辞任し、条約改正交渉も中止された。

　青木の後を受けて外相となったのは榎本武揚(⇒第2章・第1節)であった。榎本は、かつて樺太千島交換条約※の交渉のためにロシアに派遣され、条約締結に成功していたが、その際に榎本の人物と才能はロシア宮廷で高く評価されており、ロシアに対する配慮もあって外相に任ぜられたといえる。

　外相となった榎本は青木の条約改正方針を高く評価し、これを継承してイギリスとの交渉に当たったが、「民法典論争」の勃発により、交渉は暗礁に乗り上げた。民法典論争とは、民法学者穂積八束の「民法出でて忠孝亡ぶ」という言葉に代表されるように、90年に公布された民法をはじめとする諸法典が、日本社会の実情に即していないことを理由に施行を延期すべきことが主張され、延期派と断行派の間に展開された激しい論争である。結果的に、榎本の強い反対にもかかわらず、帝国議会は施行の延期を決定した。さらに内相の品川弥二郎(⇒第5章・第1節)による選挙干渉の責任などを負って首相の松方正義が内閣総辞職を決したことで、榎本による条約改正交渉も中止となった。

※ まず1855年の日露和親条約で、千島列島は択捉(えろろふ)島までを日本の領有とし(今日の「北方領土」の根拠)、樺太は日露両国の雑居地と確認。次がこの条約で、1875年に千島列島は最北端(カムチャツカ半島の南)までを日本の領有とし、樺太全島の放棄(ロシア領化)を定めた。1905年日露戦後には、樺太(ロシア名サハリン)北緯50度以南の日本への譲渡を締結した(ポーツマス条約)。

第4節 条約改正の達成

✧✧✧ 陸奥宗光と領事裁判権の撤廃

第1次松方内閣の総辞職の後、「元勲内閣」(⇒第5章・第1節)と称される第2次伊藤(博文)内閣が組閣されるが、この「元勲内閣」において外相として条約改正交渉に当たったのが陸奥宗光(⇒第5章・第1節)である。陸奥は駐独公使となっていた青木に駐英公使を兼任させ、イギリスとの交渉に当たらせた。青木が粘り強く交渉を続けたことで、1894(明治27)年7月16日に日英通商航海条約が締結され、外国人への内地解放を条件として、領事裁判権の完全撤廃が実現する。

陸奥宗光(1844～97)

なお、不凍港を求めて南下政策を推進するロシアは地中海や中東、インドなどにおける権益の保護を図るイギリスとの間で対立を深め、クリミア戦争や、二度にわたるイギリスのアフガニスタン侵攻など、19世紀半ば以降には軍事的な衝突も発生していた。特に、91年5月のシベリア鉄道の着工によって、極東におけるロシアの勢力拡大が懸念されるようになったことが、イギリスの日本に対する譲歩の背景であった。これは、英露間における世界規模での外交政策の対立であり、「グレート・ゲーム」とも呼ばれている。イギリスは、極東におけるロシアに対する抑止力として日本の軍事力を利用することを試みたということである。

交渉の流れと主な責任者

幕府が各国と結んだ
安政の五カ国条約
1858(安政5)年

岩倉使節団
▶1871(明治4)
⇒第3章・第1節

最初の米国の態度が厳しく、続く欧州での交渉を諦める(情勢視察に限定して訪問)

寺島宗則(外務卿)
▶1873(明治6)～79

関税自主権の回復に限定。米国との交渉に成功するが、英・仏が反対し、米国との条約が無効になる。

井上馨(外務卿、第1次伊藤内閣外相)
▶1879(明治12)～87

国別の個別交渉ではなく一斉会議を推進。だが、関税引き上げ、領事裁判権撤廃の一方で外国人判事・検事の任用、内地雑居の容認案が政府内外から批判。

鹿鳴館での舞踏会
井上が、「文明国」をアピールするため推し進めた「欧化政策」のひとつ。

大隈重信(黒田内閣外相)
▶1888(明治21)～89

再び個別交渉。米・独・露各国との条約直前に英国が反対。改正案が英紙で公表され、中止。

青木周蔵(第1次山県、第1次松方内閣外相)
▶1890(明治23)～91

ロシア対策により日本に融和姿勢を見せた英国が交渉に応じたが、「大津事件」で青木が引責辞任。交渉中止。

榎本武揚(第1次松方内閣外相)
▶1891(明治24)

青木の方針を継承。だが、民法典論争で議会が交渉延期を決定。品川内相の問題で内閣総辞職。交渉中止。

日清戦争
1894～95

陸奥宗光(第2次伊藤内閣外相)
▶1894(明治27)

駐独公使となった青木に駐英公使も兼任させ、交渉を復活。

1894年7月
日英通商航海条約締結
◎領事裁判権の完全撤廃

日露戦争
1904～05

小村寿太郎(第2次桂内閣外相)
▶1911(明治44)

米国に、日本人移民問題解決を提起し、制限等を確約。

1911年2月
日米通商航海条約締結
(新条約/小村案)
◎関税自主権の完全回復

不平等条約の消滅

同年、英・仏・独など各国とも同様に締結

　列強諸国においても有力であったイギリスが、領事裁判権の撤廃に応じて日本との対等条約の締結に踏み切ったことで、日本は94年から95年にかけて同内容の条約を米・仏・独・露など14カ国と締結した。ただし、関税自主権については部分的回復に留まっていたため、なおも改正交渉が必要であった。

　なお、日英通商航海条約の締結は、日本が「文明国」(⇒第2節)の一角として国際社会の承認を得たという認識をもたらしたことを、陸奥の回想である『蹇蹇録』(けんけんろく)(⇒第5章・第1節)などからうかがうことができる。

❖⋯ 小村寿太郎と関税自主権の回復

小村寿太郎(1855〜1911)

　1894(明治27)年の日清戦争(⇒第5章・第2節)に続いて、1904年の日露戦争(⇒第6章・第2節)において日本が「勝利」を収めたことは、日本の国際的地位の向上をもたらした。英米両国の官民にわたる支援と協力を受けたとはいえ、欧米の列強であるロシアとの戦争を乗り切ったということが、日本に対する評価の一因となったといえよう。

　その一方で、ペリー来航以来、親日的な態度を示していたアメリカと日本の関係に変化が生じ始める。中国の利権獲得に乗り遅れたアメリカは、「桂・ハリマン協定※」を締結して日露戦争後に南満州鉄道(⇒第6章・第3節)の共同経営などによる満州への進出を試みたが、外相の小村寿太郎(こむらじゅたろう)(⇒第5章・第3節)の強い反対で中止となった。

　これに加えてアメリカ西海岸では、日本人移民の流入にともなって失業した白人労働者などが中心となり、日本人移民排斥運動が生ずるなど、日露戦争後の日米関係は、様々な問題に直面していた(⇒第6章・第4節)。

　小村は、1911年に期限を迎える日米通商航海条約の改定交渉において、駐米大使を務めていた内田 康哉(うちだこうさい(やすや))※※を通じて、日米間の懸案となりつつあった日本人移民問題を取り上げ、その解決を模索する。日本は、07年及び08年の「日米紳士協約」によりアメリカへの移民の自主制限を実施しているが、移民の制限と取締の継続をアメリカに確約することで、旧条約で規定されていた移民に対して差別的な法律の制定を容認する条項の削除に成功している。なお、アメリカにとっても懸案であった日本人移民問題について日本が自主制限・取締を継続することを確約したことで、小村は関税自主権の回復に関するアメリカの理解も引き出すことに成功した。

　こうして11年2月21日に締結された日米通商航海条約（1894年11月締結の条約と区別するために「新条約」、「小村条約」と呼ばれることもある）によって、日本は懸案の不平等条約問題を完全に解決するのである。

[門松 秀樹]

　※　1905年、首相桂太郎と、アメリカ人鉄道事業者エドワード・ヘンリー・ハリマン(Edward Henry Harriman)の間で交わされた。
　※※　1865〜1936。熊本出身。駐米大使退任後、第2次西園寺公望内閣で外相。その後、原敬内閣、加藤友三郎内閣、斎藤実内閣でも外相(明治・大正・昭和三代にわたって外相を務めたのは内田1人)。(⇒第9章・第1節)

第8章

米騒動と第一次世界大戦

1914年、第一次大戦でドイツ領青島を攻撃する日本陸軍の砲兵。右は寺内首相と後藤新平内相。
左は尾崎行雄・加藤高明・浜口雄幸ら憲政会幹部。周りは米騒動を伝える富山・高岡の新聞と見出し。

本章のキーワード

- ☐ 藩閥政治
- ☐ 元老
- ☐ 大正政変
- ☐ 立憲同志会
- ☐ 尾崎行雄
- ☐ 第一次世界大戦
- ☐ 憲政会
- ☐ 米騒動
- ☐ スペイン風邪
- ☐ 大正デモクラシー

第1節 明治から大正へ ── 「大正政変」から「政党内閣」成立へ

❖❖❖ 大正時代とは

　政治学・政治史を学ぶ若い人たちにとって、“大正時代”とはどのような時代であろうか。令和時代（2019年〜）にブームとなったマンガ・アニメ作品『鬼滅の刃』（原作・吾峠呼世晴）では、主人公の少年・竈門炭治郎と江戸時代末の「鬼狩り」で捕らえられた「手鬼」の会話や回想から、後約50年が経過した大正時代が舞台であるとされる。

　一方、昭和40年代（1965〜74年）生まれのベビーブーム世代にとって、大正時代は祖父母の生まれた時代であり、旧幕府・旗本の娘と倒幕派・薩摩藩ゆかりの侯爵家の青年将校との恋愛と「大正浪漫」を描いた昭和期のマンガ・アニメ作品『はいからさんが通る』（原作・大和和紀）や、東北・山形の貧農生まれの女性の生涯を描き「飽食の時代」に空前のブームとなったNHK連続テレビ小説『おしん』が印象深い。前者では、大正時代の女性運動を主導した「平塚らいてう」の雑誌『青鞜』や「シベリア出兵」（⇒第4節）が登場し、また後者では、「口減らしの身売りで奉公」、「憲兵に追われる逃亡兵」、「関東大震災」（⇒第2節）など、両作品ともに子供心に“戦前の日本”について想いを馳せるきっかけとなった場面が記憶に残っている。大正時代は、近世・江戸時代の名残が次第に薄れ、日本が新たな時代を迎える大きな転換期であったと言えよう。

　1867（慶応3）年以降、「明治維新」から1945（昭和20）年のアジア太平洋戦争終結までの約80年間におよぶ「戦前日本」の時代において、1912～26年の約15年間に及ぶ「大正時代」は、その約80年間のいわば「折り返し地点」である。明治や昭和に比べれば短い時代であるが、国際社会と日本社会がともに大きく変貌した時代である。

　国際的には、第一次世界大戦（1914～18年）、ロシア革命※（17年）に続く世界初の社会主義国であるソヴィエト連邦成立などを経て、大戦終結によるヴェルサイユ体制（⇒第5節）への移行、軍縮による国際協調の機運が高まる戦間期へと移り変わった。

　国内では、明治以来の薩長藩閥、軍閥主導の政治に反発する政党や市民による大正政変（第一次護憲運動 ⇒第6章・第4節）、さらに大戦末期の米騒動を経て原敬（⇒第9章・第1節）内閣に代表される政党内閣が成立、そして、普通選挙の実現を求める第二次護憲運動が高揚する「大正デモクラシー」の時代が到来した。第8章では、国際的には第一次世界大戦が終結する一方、国内では米騒動で寺内正毅藩閥内閣が崩壊、原敬政友会内閣が発足する18（大正7）年までの「大正前期」について、述べることとする。

第2節　藩閥政治と政党勢力

　"政変"とは、政権の急激な、または通常のルールによらない変動や、突然な内閣の交替、更送を指す。合法的手段による政変の典型は、議会制政治のもとでの選挙結果による政権交代であるが、明治憲法制定や議会開設以前に発生した「明治六年政変」（征韓論政変 ⇒第3章・第1節）や「明治十四年の政変」（⇒第3章・第3節）は、薩長勢力を中心とする藩閥政府の内部分裂であった。

山県有朋

　これに対して、大正初期の「大正政変」は、明治以来の藩閥政府への国民の不満、具体的には元老の山県有朋らによる、第2次西園寺公望内閣の倒閣と後継の第3次桂太郎内閣への反発がもたらした政治変動であった。藩閥主導の政治に対抗する政党勢力や一般大衆は、全国各地での集会や演説会、議会周辺での示威行動に発展し、桂内閣を脅かした。この大正政変は、藩閥と立憲政友会の提携による「桂園時代」（⇒第6章・第3節）から、政党政治への転換期の扉を開く事件であった。

桂太郎

西園寺公望

❖❖❖❖　「藩閥」を復習する

　大正政変について述べる前に、明治以来の藩閥政治とその変化について振り返ろう。藩閥とは、明治・大正期に議会、行政、陸海両軍、さらに枢密院（⇒第4章・第2節）や貴族院（⇒第4章・第3節）などで大きな力を持った、江戸時代のかつての有力藩に由来する地縁的

※ 最初は労働者と兵士らによる食糧不足への不満が起こした反乱。その結果、皇帝ニコライ2世は退位（翌年、家族と共に銃殺）。その後、社会主義活動家による評議会（ソヴィエト）がつくられ、レーニンが指導者として民衆の支持を確立してゆく。すべて1917年の出来事。

な政治集団である。狭義には、明治維新を主導した薩摩藩(鹿児島)と長州藩(山口)出身の指導層をいうが、土佐藩(高知)、肥前藩(佐賀)や、公家、江戸幕府の幕臣、水戸・尾張・紀伊3藩の「御三家」出身者を含めることもある(⇒第2章・第1節)。広義には、他地域の出身者を含めて中堅の一般官僚や指導者の個人派閥の構成員までを含む。

　明治初期の「明治新政府」の時期には薩長出身者の比率が高かった(薩長藩閥政府)。薩摩閥を率いた大久保利通(⇒第3章・第2節)、長州閥を率いた木戸孝允(⇒第2章・第3節)没後の再編、佐賀出身の大隈重信の追放(⇒第3章・第3節)を経て、1885(明治18)年の伊藤博文の初代内閣(⇒第4章・第1節)組織により薩長藩閥は政府の実権を掌握し、その後は帝国議会・政党に基盤を持たない「超然内閣」(⇒第4章・第3節)があいついだ。薩長藩閥は、陸海両軍、警察、さらに財界にも派閥を形成し、特に陸軍では長州閥、海軍では薩摩閥が形成された。

　明治時代に薩長藩閥出身の首相経験者を中心に、次期首相候補者の推薦など重要国務について天皇を補佐した、維新以来功績を重ねてきた政治家たちを「元老」という(⇒第6章・第1節)。薩摩出身の黒田清隆、松方正義ら、長州出身の伊藤博文、山県有朋、桂太郎ら、また公家出身の西園寺公望(⇒第6章・第3節)ら元老は、明治憲法に規定されていない存在ながら、明治から大正にかけて国家的な政策決定や内閣交替の実権を握っていた。

　元老を中心とする藩閥内部では、政党政治への移行をめぐる対立が生じ、立憲政友会を結成した伊藤博文と、政党政治を拒む山県有朋との2つの系列に分裂が生じた。また伊藤が暗殺されるなど(⇒第6章・第4節)、次第に江戸時代生まれの元老たちが他界または政界引退する一方、長命の山県有朋率いる長州閥は、陸軍、貴族院、官僚層を主な基盤とする山県閥を形成した。大正時代の日本政治は、山県有朋が主導する山県閥などによる藩閥政治と、これに対抗しようとする政党勢力の争いの歴史を刻んでいく。

❖❖❖ 「大正政変」── 民衆運動と護憲運動

　大正初期には、山県閥を中心とする藩閥政治への批判が高まり、1912〜13年に政変が相次いだ。これらの政変、特に第一次憲政擁護運動(護憲運動)による13(大正2)年の第3次桂内閣の倒壊を、「大正政変」という。なお、その後の普通選挙※実現を目指した「普選運動」を、「第二次護憲運動」という。

　明治の日露戦争後の財政難のなか、陸軍・海軍による軍拡問題は、大きな政治課題となった。12(大正元)年、軍拡を図る陸軍が師団増設問題(⇒第6章・第4節)をめぐって第2次西園寺内閣を総辞職に追い込み、これにかわって第3次桂内閣が成立した。

　明治を代表する軍人政治家であった長州閥の桂太郎は、大正天皇の詔勅を得て組閣したが、これは国民から長州閥とくに陸軍藩閥の横暴と受け止められ、第一次憲政擁護運動がおこった。桂首相は、長州閥と立憲政友会が提携していた「桂園時代」とは異なり、政友会との妥協策をとらず天皇大権による議会停会、さらに新党結成による政

※ 制限のない選挙を指す。1889年公布の最初の議院議員選挙法では、有権者の直接国税納税額は15円以上。1900年改正で10円以上、19年改正で3円以上と徐々に有資格者は広がってゆくが、あくまでも25歳以上の男子のみで、当時は女性に選挙権のない「制限選挙」。

党勢力の分断を企てて事態打開を図った。しかし、これに反発する民衆運動の高まりや、政友会の護憲運動への全面参加、また薩摩閥や海軍も政友会と接近したため、桂は孤立した。桂内閣に反発する数万の国民は帝国議会を包囲し、尾崎行雄（⇒第6章・第4節）が痛烈な内閣不信任案の趣旨説明演説を行い、13年に桂は内閣総辞職を余儀なくされた。

第3節 山本権兵衛内閣から大隈重信内閣へ

❖❖❖ 立憲同志会の結成 ── 政友会への対抗

　大正政変で、藩閥勢力と政友会が提携していた桂園時代が終わり、藩閥勢力の内部分裂、一般国民の政治的成長を背景に、複数の政党が選挙や議会で競い合う新たな政治状況が開かれた。この動きの一翼を担ったのが、1913（大正2）年に結成された立憲同志会である。同志会は、のち政党再編を経て憲政会、さらに昭和の立憲民政党へと、原敬らが率いる立憲政友会と並び立って、二大政党が対抗する“大正デモクラシー”の一翼を担うことになる。

　大正初期の憲政擁護運動の激化にあたり、桂はその運動の中心である立憲政友会に対抗すべく、貴族院、枢密院、官僚に加えて衆議院の政党勢力から幅広い人材を集め、藩閥勢力と政党勢力をまとめた新政党を目指した。桂系官僚として後藤新平（⇒第9章・第2節）のほか、のち大正後期から昭和前期にかけて政党内閣の首相となる加藤高明（⇒第9章・第3節）、若槻礼次郎（⇒第9章・第3節）、浜口雄幸（⇒第10章・第2節）らが、また立憲国民党からは過半数の議員が脱党して参加した。

　しかし、政友会からの呼応者は少なく、さらに桂の新党構想に反発する山県閥の貴族院議員の参加も実現せず、桂の目算は外れた。新政党の結党が遅れるなか、病死した桂に代わって加藤高明が総裁となって、立憲同志会は結党にこぎつけた。

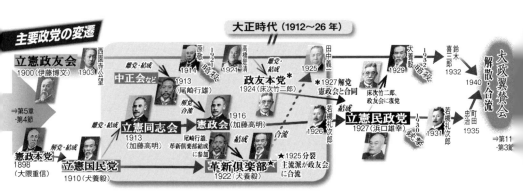

　大正政変後、桂内閣に代わって薩摩出身の海軍大将の
山本権兵衛※が立憲政友会を与党として、1913（大正2）年、
第1次山本内閣を組閣した。護憲運動により政党内閣実
現を望んでいた国民は、藩閥勢力の一角である薩摩・海
軍閥と山本に妥協した政友会に失望したが、山本は政
友会の要求を容れ、官僚の政治任用を拡大する文官任用
令改正、軍部大臣現役武官制（⇒第5章・第4節）の現役規定廃止、
行財政整理などの改革を行った。立憲同志会など野党各
党は、連携して山本内閣に対抗し、海軍汚職から浮上し
たシーメンス事件※※を契機に山本を総辞職に追い込んだ。

　政友会に対抗すべく、元老たちは国民的人気を持つ大
隈重信を後継首相とし、14年、第2次大隈内閣が成立
した。大隈内閣は元老に依拠しつつも、外相となった加
藤高明の同志会を最大与党とし、また、第一次憲政擁護
運動で活躍した尾崎行雄が、司法大臣として入閣した。
新聞記者出身の尾崎は、大隈とのつながりで明治時代の
立憲改進党創立に参加、衆議院議員に第1議会から連続
当選し、その間に第1次大隈内閣で文相、伊藤博文の誘
いで立憲政友会創立に参加、東京市長に就任、さらに第
一次憲政擁護運動での活躍で「憲政の神様」と称された
政党政治家であった。

第1次山本内閣の注目閣僚
（1913年2月20日組閣時）

原敬　内相
山本権兵衛　首相
高橋是清　蔵相（⇒第11章・第1節）
木越安綱　陸相
斎藤実　海相（⇒第10章・第4節）
牧野伸顕　外相（⇒第11章・第1節）

山本首相は、自らが退役した海軍大将として、軍部大臣現役武官制の廃止（軍から内閣への影響力は抑制される）を決断。海軍は、山本の信頼が厚い斎藤海相がとりまとめた。だが陸軍は、木越陸相が閣僚として同意したことに反発。木越を大将に昇任させず、中将のまま退役させた。また、斎藤海相・牧野外相と、初入閣した高橋蔵相（以後6度、複数の内閣で蔵相就任）の3人は、23年後に悲劇に遭遇。（⇒第11章・第1節）

🔹🔹🔹 第一次世界大戦へ参戦

　第2次大隈内閣時代の主な出来事は、第一次世界大戦
への参戦である。当時のヨーロッパでは、列強諸国が帝
国主義を掲げて全世界での植民地獲得競争を展開してお
り、「三国同盟」（ドイツ、オーストリア、イタリア）と「三国協
商」（イギリス、フランス、ロシア）が激しく対立していた。

第2次大隈内閣の注目閣僚
（1914年4月16日組閣時）

加藤高明　外相（⇒第3章・第1節、第5章・第4節）
大隈重信　首相
若槻礼次郎　蔵相
尾崎行雄　司法相（⇒第6章・第4節）
河野広中　農商務相（⇒第6章・第1節）
大浦兼武　内相（⇒次ページ）

尾崎司法相と初入閣の河野農商務相は、第1回衆議院議員選挙（1890）の当選同期組（尾崎は大隈の改新従系、河野は板垣退助の自由党系）。1898年の第1次大隈内閣では、初入閣した尾崎文相の演説会発言（共和演説事件）が、藩閥と保守系新聞から責められ、総辞職。日本初の政党内閣（内相は板垣で通称「隈板内閣」）だったが、5カ月の短命。（⇒第5章・第4節）

　1914（大正3）年7月に両陣営は開戦、戦争の途中からアメリカや日本などが連合国
側として参戦するなど、第一次世界大戦は当時の世界の主要国のほとんどすべてを巻
き込み、18年までの約4年半に及ぶ国際戦争となった。

　大戦の主戦場・ヨーロッパから離れた日本であったが、大隈内閣は8月、ドイツに宣
戦布告し、日英同盟により英仏など連合国側として参戦した。加藤外相は、イギリス
からの太平洋でのドイツ勢力攻撃要請を利用して、大戦参戦決定を主導した。日本は

※　1852～1933。日清戦争時（第2次伊藤内閣）の海相副官（海相は西郷従道）、日露戦争時の海相（第1次桂内閣）などを歴任していた。
※※　1914年、ドイツのシーメンス（Siemens）社による海軍高官への贈賄事件。無線設備に関わるもの。同時期に、イギリスのヴィッカース（Vickers）社からも三井物産を通じた海軍高官へ贈賄が発覚（最後の輸入戦艦「金剛」に絡む）し、大問題となった。

極東地域でのドイツ根拠地を攻撃し、中国の山東半島、青島（チンタオ）のドイツ租借地（⇒第5章・第2節）や太平洋のドイツ領南洋諸島を占領した。さらに大隈内閣は15年、中華民国に「対華二十一カ条要求」を迫って中国におけるドイツ権益の日本への継承などを承諾させた。

　大隈内閣の下での解散総選挙で、同志会など与党は大隈、尾崎らの人気を背景に圧勝した。だが、大浦兼武※内相による選挙干渉と、前年の農商務相（第3次桂内閣）時代の議員買収発覚などにより大隈内閣はいったん総辞職、再組閣するも加藤ら同志会出身閣僚は閣外協力に転じて内閣の人気は下降した。16年、大隈の首相辞任後、長州閥で陸軍出身の寺内正毅※※内閣が成立した。大隈は、後継に加藤高明を推挙したが元老に拒否され、超然内閣である寺内内閣が成立した。これに危機感を抱いた加藤ら同志会は、反政友会勢力の再結集を目指して尾崎行雄らの中正会、一部の交友倶楽部（貴族院における政友会系の院内会派）議員と合同し、新たに憲政会を結成した。

第4節　寺内正毅内閣と憲政会の成立

　第一次世界大戦が続くなか、挙国一致体制を目指して成立した寺内内閣は、後藤新平内相ら山県系官僚が入閣するなど藩閥色が強く、憲政会との提携を拒んだ。その一方で政友会とは閣外協力の関係にあった。野党となった憲政会は寺内内閣と対立したが、1917（大正6）年総選挙、さらに20年の総選挙で敗れ、原敬（⇒第9章・第1節）率いる政友会の隆盛の陰で、「苦節十年」の野党暮らしを余儀なくされることになる。しかし、この過程で憲政会は普通選挙運動の高まりを受けて普選即行論に転じ、のちの第二次憲政擁護運動による政権獲得、政党内閣実現を目指して模索を続ける。

❖❖❖　米騒動の衝撃

　寺内内閣は、国際環境の変化、またそれに伴う国内経済悪化に直面した。対中国外交の混乱、1917（大正6）年のロシア革命による革命政権成立への対応としてのシベリア出兵※※※、さらに、18年夏に全国に波及した米騒動の鎮圧に軍隊出動を余儀なくされた。

寺内正毅

　江戸時代中期以降、凶作や米買占めによる米価高騰（こうとう）、生活苦に不満を持つ都市住民が米屋・質屋・酒屋などの富商や役所を襲う「うちこわし」が江戸をはじめ全国の城下町などで頻発（ひんぱつ）しており、とくに幕末の天明年間（1781〜89年）の「うちこわし」多発は、江戸幕府崩壊の一因ともなった。明治に入っても「米どころ」の富山や新

※　1850〜1918。薩摩藩出身。警察官僚。第2次山県内閣、第1次桂内閣で警視総監、また通信相で初入閣。その後農商務相、内相を歴任。
※※　1852〜1919。日露戦争時（第1次桂内閣）の陸相。第3代韓国統監として併合を推進、陸相兼任のまま初代朝鮮総督を歴任し、首相。
※※※　1918年2月開始。当初はソヴィエト政権を干渉する欧米各国との合同作戦だったが、ソ連・東アジアでの経済権益拡大の意図から約7万人を派兵。米・英・仏で合計2万人の派兵だったため各国から警戒される。22年のワシントン会議を経て、25年までに撤兵。

原敬

潟などで都市貧民らが救助を要求した暴動が「米騒動」として警察・軍隊の鎮圧対象となっていた。

　大正の大戦末期に富山県魚津から全国に波及した米騒動は、炭鉱労働者の暴動などにも波及して日本史上最大規模の民衆暴動となった。この全国的な社会混乱のなか体調を崩した寺内は責任をとって内閣総辞職し、代わって成立したのが「平民宰相」原敬（⇒第9章・第1節）による「本格的」政党内閣である。

第5節　スペイン風邪で第一次世界大戦終結

　1868（明治元）年の明治維新、新政府成立からちょうど50年後の1918（大正7）年は、世界では大戦終結、日本国内では原敬政党内閣成立と、ともに大きな変化が起こった。この年に始まった新型インフルエンザの世界的流行のなか、14年の勃発から足かけ五年に及んだ第一次世界大戦が、ようやく終結したのである。

「スペイン風邪」感染対策として、マスクをつけている女学生たち。1919年頃。

　大戦における国際規模での軍隊の移動は、鉄道など交通機関の発達で相対的に狭くなった世界での新たな伝染病蔓延の発端となった。「スペイン風邪」と呼ばれたこの伝染病（スペイン－インフルエンザ。流行が初めて報じられたスペインの名が冠され、また当時は電子顕微鏡が無く、ウィルス発見が物理的に不可能だったので「かぜ」と呼ばれた）は、スペインからではなく中立国アメリカのヨーロッパへの参戦によってアメリカ大陸からヨーロッパへ波及し、そして日本を含む全世界で大流行して21世紀の新型コロナウィルスに匹敵するパンデミックとなった。世界で推定2500万人が死亡したとされ、日本国内でも山県、大隈、寺内らの首相経験者に、さらに原敬首相や田中義一（⇒第10章・第1節）陸相ら内閣の構成員に罹患者が続出した。

　第一次世界大戦は、革命が発生したドイツ※が降伏して同盟国側の敗戦に終わり、翌19（大正8）年にパリ講和会議※※でヴェルサイユ条約が締結された。勝利したイギリスやフランスなど連合国がドイツなど敗戦国と結んだ一連の講和条約により、ヨーロッパの新たな国際秩序として「ヴェルサイユ体制」が成立した。大戦では飛行機をはじめ戦車、毒ガスなど新兵器が使用され大きな犠牲をもたらしたが、この悲惨な世界大戦の再発を防ぐべく、20年成立の国際連盟を中心に、国際協調、軍縮の機運が高まった。

※　1918年11月、軍港キールでの兵士の反乱から発生。反乱はドイツ各地に及び、皇帝ヴィルヘルム2世はオランダに亡命し、帝政が崩壊。社会民主党主導による共和制（ヴァイマル共和制）に移行。だが32年にナチスが国会で第1党となり、45年までヒトラーの独裁体制が続く。

※※　日本側全権は西園寺公望、牧野伸顕ら。当時外務官僚だった松岡洋右、吉田茂（牧野の娘婿）、西園寺の推薦で近衛文麿も随員だった。

幕末の開国から、わずか半世紀の間に日本は清やロシアを破って勢力圏を沖縄、台湾、朝鮮半島に拡大、大正時代には世界大戦の戦勝国として、敗戦国ドイツから極東の利権を奪ってアジア大陸や太平洋へと勢力圏をさらに拡大した。

　国際的地位の向上により明治からの懸案であった不平等条約(⇒第7章)を解消、国際連盟の常任理事国となった日本にとって、ヴェルサイユ体制が目指す国際協調の実現にどう取り組むか、そして、国民の政治参加をどのように実現するかが、大正後期の大きな政治課題となる。

日本は第一次大戦後、国際連盟から委任統治を認められたマリアナ諸島、カロリン諸島、マーシャル諸島、「南洋庁」を設置。本庁はパラオのコロールに置かれ、サイパンには「南洋庁」を設置。本庁支庁がパラオに置かれ、各諸島の主島・本庁は当時、米・英・蘭領であり、ほとんどの島々を出すことになった。周囲は米・英・蘭領となり、多くの犠牲者を出すことになった。

⇒第11章
・第4節

アメリカ
ソ連
日本
ハワイ諸島
フィリピン
太平洋
オーストラリア
ニュージーランド

日本
フィリピン(米)
グァム島(米)
サイパン島
マリアナ諸島
トラック島
パラオ諸島
コロール
カロリン諸島
オランダ領東インド
ニューギニア島(蘭〔西部〕/英〔東部〕)
ソロモン諸島(英)
ギルバート諸島(英)
マーシャル諸島
ハワイ諸島(米)

✤✤✤ 世界を近づけた海運と鉄道

　大正期は、従来の海運と新たに整備された鉄道が結びつき、世界と日本の交流が深まった時代であった。国内では、1914(大正3)年に東京駅が東海道本線の新たな起点＝ターミナル駅として開業、辰野金吾の設計によるルネサンス様式、鉄骨煉瓦造りの駅舎は大正を代表する建築物として、21世紀の現在も(復原工事を経て)使用されている。

　大正末には東京駅と東北へのターミナル駅上野が接続され、東京の市街地を一周する山手線の環状運転が開始された。一方、世界ではユーラシア大陸での鉄道整備により、海運と接続する形で日本とヨーロッパを結ぶ「欧亜列車」が運行を開始した。東京駅から東海道線などで九州へ、門司港からの連絡船で朝鮮半島の釜山へ、ポーツマス条約で日本が経営権を得た南満州鉄道(⇒第6章・第3節)、日露戦争のためにロシアが建設したシベリア鉄道などを経てベルリンやパリへ、さらにドーバー海峡を渡りロンドンへと至る欧亜列車は、東京とロンドンを半月ほどで結んだ。約50日を要した従来の海路に代わるこの新たな交通手段は、日本と世界の間での人や物の移動を活発にした。

　このような国際化は、欧米文化と日本文化が融合する「大正ロマン」「大正モダン」と称される新たな文化の隆盛をもたらし、また大戦景気での経済成長は、「成金」や企業経営者の台頭、都市部の中産階級や労働者層の増加をもたらした。「大正政変」に始まる大正前期は、一般民衆の権利意識の高まりを背景に憲政擁護運動や米騒動が起こった政治的混乱の時代であったが、この混乱を経て、大正時代後期の普選運動＝第二次憲政擁護運動、また労働運動、農民運動、女性運動など組織的な民衆運動が高揚する「大正デモクラシー※」の時代が到来する。

［福沢真一］

※ 「デモクラシー」(democracy)は、現在「民主主義」と訳されているが当時は「民本主義」。吉野作造(⇒第9章・第3節)の苦心の訳語とされる。

第9章

関東大震災と普通選挙法

1925年3月、普通選挙法を成立させた直後の「護憲三派」内閣（憲政会、立憲政友会、革新倶楽部の連立政権）。前列左から岡田良平文相。加藤高明首相、高橋是清蔵相、犬養毅逓信相、幣原喜重郎外相、若槻礼次郎内相。後列左から財部彪海相、宇垣一成陸相、小川平吉司法相ら。

━━━ 🎵 本章のキーワード 🎵 ━━━

- ☐ ヴェルサイユ体制
- ☐ 原敬
- ☐ 鉄道
- ☐ 立憲同志会
- ☐ 関東大震災

- ☐ 第二次憲政擁護運動と護憲三派
- ☐ 男子普選
- ☐ 吉野作造
- ☐ 共産主義
- ☐ 治安維持法

第1節 立憲政友会内閣 —— 原敬と高橋是清

❖❖❖ 「紅の豚」の時代

　平成初期のアニメ映画、スタジオジブリ制作、宮崎駿監督の『紅の豚』（1992年）は、第一次大戦で日本と同様に戦勝国となった「大戦後」のイタリア王国を舞台に、同盟国との戦いから生還した空軍操縦士ポルコが、退役後に美しいアドリア海で跋扈する「空賊」と戦う物語である。史実のイタリアは、連合国側で参戦するも連戦連敗で勝利に寄与できず、秘密外交によるロンドン密約で約束された参戦の代償は一部の獲得に留まった。続く戦後不況でイタリア国民の戦後「ヴェルサイユ体制」への恨みは、ファシズム（全体主義）の絶好の温床となった。1922年ローマ進軍を機にイタリアは、ムッソリーニ率いるファシスト党の独裁体制に移行するが、戦争を嫌いファシスト政権に非協力的な主人公ポルコは、空賊との戦いで大破した愛機修理で訪れた工業都市ミラノでファシストの秘密警察や空軍に追われる。しかし、ポルコは追っ手を振り切り、紅の飛行艇を駆り新たな戦いのため再びアドリア海へ飛び立つ。

　この時代、第一次大戦後の日本はどのような政治状況であっただろうか。9章では、第一次大戦が終結した1918（大正7）年から、26年の昭和改元までの時期について述べる。

❖▸▸▸ 「平民宰相」と呼ばれた東日本出身初の首相

　藩閥政治を反映して薩長出身の首相が多かった明治時代に対し、「大正政変」（⇒第8章・第2節）以降の大正時代の首相は、薩摩＝鹿児島が山本権兵衛（⇒第8章・第3節）、長州＝山口が寺内正毅（⇒第8章・第4節）に限られ、政友会政権の原敬が東北の岩手、高橋是清は東京、その後の軍人・官僚内閣時代の加藤友三郎が広島、清浦奎吾が熊本、さらに憲政会政権の加藤高明が愛知、若槻礼次郎が島根と、首相の出身府県が多様化した。特に東北地方を含む東日本から初の首相となった原敬の登場は、日本政治史の大きな転換期となった。

　1918（大正7）年夏の米騒動の責任をとった寺内内閣の総辞職後、元老サイドでは西園寺公望（⇒第8章・第2節）に後継首相を辞退された山県有朋らが、立憲政友会総裁の原敬を後継に選んだ。これは、藩閥勢力と政党勢力、かつての戊辰戦争での「官軍」薩長藩閥勢力とかつての「賊軍」の提携であり、両者は国際社会に飛躍しようとしていた大正日本をともに連携して導こうとした。

　無爵位の衆院議員であった原首相は「平民宰相」と称され、閣僚のほとんどが政党員という政党内閣は、藩閥政治に倦んでいた国民から歓迎で迎えられた。特に、原は幕末の戊辰戦争（⇒第2章・第1節）で「賊軍」とされた東北岩手の「朝敵藩」出身であり、明治維新から半世紀を経ての快挙に地元盛岡では祝賀会が開かれた。実際には、南部家・盛岡藩の家老、側用人の血筋をひいていた原は、戦前日本の首相の中では、公家出身の西園寺、近衛文麿（⇒第11章・第2節）などを除けば、高い家柄の出身であった。しかし新政府に敵対した南部藩・盛岡にあって維新後の生活は苦しく、兄の家督相続での分家を契機に原は「平民」として生きることを選択した。上京して語学や法律を学び、新聞記者や外交官を経て立憲政友会結成に参加して政党政治家となった原は、新時代の首相として政党内閣を率いる立場に立った。

原内閣の閣僚たち

原の後継者
原は閣内一致を目指したが政友会内部は暗闘。本文にあるように、高橋蔵相は財政家として名望は高いが党歴が浅く、原の内務省時代（第2次西園寺内閣）の次官で官僚出身（大蔵→内務）の床次内相に野心があった。原暗殺後、臨時首相を務めたのは非政党人の内田外相。

高橋是清 蔵相（⇒第11章・第1節）
内田康哉 外相（⇒第10章・第4節）
原敬 首相
鉄道事業を重視。権限強化を図り、内閣鉄道院を改組、「鉄道省」を新設。
加藤友三郎 海相（⇒第2節）
田中義一 陸相（⇒第10章・第1節）

初入閣

初代大臣

床次竹二郎 内相
中橋徳五郎 文相
元田肇 鉄道相

初入閣

山本達雄 農商務相（⇒第10章・第4節）
野田卯太郎 逓信相
大木遠吉 司法相

軍部大臣は2人とものちに首相
加藤は広島出身。第2次大隈・寺内・原・高橋と4代の内閣で海相。その後、首相。田中は長州出身。原内閣のあと、第2次山本内閣でも陸相。その後、政友会に入り、首相（入党の際の持参金に、陸軍の機密費流用の疑惑あり）。

華族も平民も大臣
大木は、佐賀藩の志士で明治政府でも要職を歴任した喬任（たかとう）の長男。父が叙せられた爵位を継ぎ華族（伯爵）。野田は、筑後（福岡県）の豪農の出身で自由民権運動にも参加。のちに政友会副総裁。

離党、「政友本党」結成……その後、復党
原の後継、暗殺直後総裁に反発した床次・中橋・元田らは離党、1924年に政友本党を結成。だが方針が割れ、中橋・元田らは復党。床次は政友本党を解党、27年、立憲民政党結成に加わり、同党顧問に。だが床次も2年あまりで政友会に復党。35年、海軍出身の岡田啓介内閣の通信相（入閣を理由に政友会は除名処分）在職中に、死亡。

政友会閣僚から民政党閣僚へ
同じ日銀出身の高橋（年齢は高橋が2歳上、総裁就任は山本が2代先）と対立、離党して政友本党に参加。立憲民政党結成にも加わり、床次が政友会へ復党後も、民政党にただ1人残り、斎藤実内閣で内相。

原首相
床次内相
加藤海相
内田外相

式典時（詳細不明）の主要閣僚。全員の見ている方向が違うのが、象徴的。

戦前日本の内閣は、「閣内不一致（首相、大臣らの意見対立）でゆきづまる例が多かった。閣内一致を重視した原は、与党政友会出身者を中心に組閣し、また非政党人の外相や陸相・海相も首相に協力させた。さらに閣僚のみならず、行政事務を統括する各省次官にも政友会員を中心に充て、首相を頂点とする安定した統治機構を形成した。

原内閣は、組閣当初の軍拡計画（大戦で使用された新兵器対策、戦艦など兵器近代化、航空機増設、工兵学校や特科部隊増設など）については国際協調路線による軍縮の機運をうけて縮小する一方、大戦景気の利益を財源に教育や交通など国民生活に身近な分野での社会基盤整備を図った。教育については、大学令および高等学校令（共に18年公布、19年施行）により、従来の帝国大学に加えて新たに公立・私立大学などを公認し、また高等学校の増設を図った。それまでは専門学校令に基づく専門学校でありながら「大学」を名乗っていた慶應義塾や早稲田などは、名実ともに大学となったのである※。

✧✧✧ 交通インフラ整備と社会政策

また原内閣は、鉄道、港湾、道路など交通インフラ整備を全国で進めるべく、鉄道院を鉄道省に昇格させ鉄道敷設法改正を立案、また道路法や都市計画法を制定した。

自動車や航空機がまだ普及していなかった戦前日本において、鉄道は経済成長を支える新たな社会インフラであった。しかし全国各地での鉄道整備には莫大な費用がかかる。旅客に加えて貨物輸送が逼迫する東海道線など既存の幹線を強化するか、それとも経済成長の恩恵がまだ及んでいない地方に支線ローカル線を整備するか、この問題は戦前日本の大きな政治課題であった。ちなみに、戦後日本の日本国有鉄道（国鉄）は、北海道、東北、上越や北陸、九州への整備新幹線建設の一方で、過疎地のローカル線も政治圧力で建設を強いられたことなどで経営が悪化、莫大な債務を残して昭和末期の中曽根（康弘）内閣による行政改革で民営化され現在のJRとなっている（⇒第14章・第3節）。

かつて第2次桂内閣、寺内内閣と、2代の藩閥・超然内閣で鉄道院総裁を務めた後藤新平（⇒第2節）と、政友会を率いる原は、ともに東北岩手の出身であったが、鉄道整備政策では異なる立場であった。日露戦争後に国有化された官営鉄道経営にあたり、後藤は明治以来の狭軌を広軌に改める（世界に先駆けて鉄道が実用化されたイギリス由来の標準軌であり、新幹線と同じ1435㎜。列車の走行が安定する）幹線改良を目指し、輸送力増強を図った。

一方、地主や企業家など地方有力者を主な支持基盤とする原の政友会は、ローカル線建設を優先する「建主改従」の立場をとって対抗した。この政友会の抵抗により、後藤の「建従改主」路線は戦前日本においては停滞を余儀なくされた。しかし、後藤の広軌改築計画はのちの昭和戦時体制下での「弾丸列車」計画を経て、戦後の新幹線計画への源流となった。

懸案の普選問題について、野党憲政会は男子普選法案を提出するなど積極的だっ

※ この大学令で認可されたのはほかに、私立では明治大学、法政大学、中央大学、日本大学、國學院大学、同志社大学、公立では府立大阪医科大学（現在の大阪大学医学部）、県立愛知医科大学（現在の名古屋大学部医学部）、新設の東京商科大学（現在の一橋大学）。

たが、原は共産主義や無政府主義の台頭を危惧して漸進論の立場をとり、衆院での選挙資格の納税要件引下げ（有権者数は約286万人に倍増）や小選挙区制導入での定数増（381→464人）を実現、また地方選挙での普選導入、郡制廃止などの地方制度改革を行った。大戦後の戦後不況による失業増加、国際社会および国内での労働運動の高まりなどを受け、資本家優遇で一般国民軽視と批判されてきた原は、職業紹介所法制定で公共職業紹介所を設置、また労働組合法制定に取り組むなど「社会政策」に手を付けた。

❖⋯ 原首相暗殺、高橋是清内閣の誕生

　首相就任から約3年が経過した1921（大正10）年11月4日、鉄道網拡充をはじめ社会資本整備に尽力した原は、東京駅で、大塚駅駅員中岡艮一に刺殺された。若年から後世における公開を意識した日記を残し、万一に備えて遺書を準備していた原は日本史上初の首相暗殺でその生涯を閉じた。元老の山県と松方正義（⇒第4章・第1節）は西園寺に後継首相就任を促したが、これを辞退した西園寺は政友会の高橋是清蔵相を首相に推薦した。

　高橋首相は戦後恐慌での財政悪化に伴い、新規の治水・港湾整備計画を見合わせるなど緊縮財政への政策転換を図った。日本銀行総裁を経て政友会入りした高橋は、蔵相を歴任するなど財政家としての名望は高かったが、政友会での党歴が浅く党内基盤が弱かったため、原のような強力な指導力は発揮できなかった。高橋の緊縮財政は積極財政の継続を求める政友会の内部対立を招き、22年、閣内不一致により高橋内閣は総辞職した。この内部対立は、2年後の「政友本党」結成による政友会分裂につながる。

第2節 軍人内閣続く — 元老たちの退場、ワシントン海軍軍縮条約

　1922（大正11）年は、藩閥勢力にとって大きな転換期となった年であった。同じ1838（天保9）年生まれで明治新政府の近代化に貢献し、ともに2度の首相を務め80代までの長寿を誇った大隈重信（1月10日）と山県有朋（2月1日）が同じく83歳で死去し、それぞれ東京の日比谷公園で国葬が営まれた。

　明治新政府で財政、外交、鉄道建設などで活躍、「明治十四年の政変」（⇒第3章・第3節）での下野後は自由民権運動以来の政党政治家として活躍、国民的人気の大隈の国葬には多くの民衆が集まった。一方、高杉晋作の奇兵隊に参加して以来、長州出身の藩閥政治家として陸軍の創設と近代化、さらに治安維持や地方制度整備などに貢献した元老山県は「立憲政治、政党政治に抵抗する藩閥政治の黒幕」の印象が強かったためか、その国葬には参列者が少なかった。

　「大正政変」（⇒第8章・第2節）は藩閥政治への国民の不満が原因だったが、元老ら藩閥勢力

は、彼らなりの新たな国際秩序の下での日本の舵取_{かじと}りを
考えつつ、第一次大戦後の国際潮流となった国際協調路
線を志向するようになっていた。かつて第2次大隈内閣
で立憲同志会の加藤高明外相が元老に相談なく強引に大
戦への参戦を主導したが、山県はそんな加藤に不信感を
抱き、大隈内閣総辞職にあたって大隈が加藤を推薦する
のを退けて、同じ長州・陸軍閥の寺内正毅を後継に選択
した。これ以降、加藤の同志会は憲政会に衣替えしつつ
も、政権からしばらく遠ざかることになる（⇒第8章・第4節）。

ワシントン軍縮会議全権団
中央が帰国後に首相となる海相加藤友三郎。
左が駐米大使で、加藤内閣・第1次若槻内閣
で外相を務め「協調外交」を進めた幣原喜重郎。
右は貴族院議長徳川家達（慶喜の養子で徳川
宗家の継承者。御三卿の一つ田安家の出身）。

　山県の死後、残された薩摩閥の元老松方らは、国際協
調の潮流である「ワシントン海軍軍縮条約」（22年調印）に基づく軍縮実現のため、同じ
加藤でも海軍出身の加藤友三郎[※]を後継首相とした。内部対立で混迷する政友会、海
軍軍縮に反対する憲政会のどちらでもなく、貴族院議員を中心とする中立的な内閣が
必要とされたのである。海軍将校として日清、日露戦争で活躍、日露戦後の海軍軍拡
など軍政面でも実績を挙げてきた加藤は、その内閣によって前の政友会政権がやり残
した政策課題である海軍軍縮、さらに陸軍軍縮やシベリア撤兵の開始を実現した。

　その加藤は、首相在職のまま23年8月24日に病死する。その1週間後、明治以来
の人口流入で都市化が著しい関東地方の東京や横浜を、関東大震災が襲った。

✥✥✥ 関東大震災と社会不安 ── 第2次山本内閣の対応

　1923（大正12）年9月1日の大震災翌日に加藤の後継となったのは、同じ海軍出身
の山本権兵衛（⇒第8章・第3節）であった。山県の他界で、元老は松方と西園寺のみとなった。
彼らは挙国一致・中間内閣を目指すも、それぞれ政権を狙う政友会、憲政会からの入
閣は成らず、第2次山本権兵衛内閣は少数与党で発足した。

　この「地震内閣」は、関東大震災後の混乱収拾_{しゅうしゅう}と震災復興計画立案に
あたった。震災前に東京市長^{※※}として大規模な都市改造計画を策定して
いた後藤新平^{※※※}内相は、新設の帝都復興院総裁を兼任し、思い切った道
路拡幅、環状道路の新設や避難施設を兼ねた公園整備など、画期的な40
億円の震災復興計画を提示した。しかし野党政友会の反対でその復興計

後藤新平

画は大きく縮小、後退した。現在の東京で「環七_{かんなな}」や「環八_{かんぱち}」など以外に、未だ環状
になりきれない「幻の環状道路」がいくつか存在するのは、大正時代のこのような経
緯がその発端である。

※　1861～1923。薩長出身以外（広島藩出身）の軍人（海軍大将）出身者として初の首相。日露戦争では連合艦隊参謀長として出征、東郷
　　平八郎司令長官を補佐。ワシントン会議の首席全権となり、海軍軍縮に尽力。
※※　この時代、市長は選挙でなく官僚等の任命制。「東京市」は1889（明治22）年に、「東京府」東部15区を管轄して設置。震災後都市化
　　が進み、1932（昭和7）年に府下5郡を合併、35区となる。43年に府と市を廃止して「東京都」が誕生。23区制は47年から。
※※※　1857～1929。水沢藩出身、医師、内務官僚。台湾総督府に出仕時、総督児玉源太郎（日露戦時の満州軍総参謀⇒第6章・第2節）
　　に認められ、南満州鉄道（満鉄）初代総裁。第2次桂内閣に通信相で初入閣（兼鉄道院総裁）、寺内内閣で内相、外相を歴任。

山本内閣では震災直後の朝鮮人虐殺事件、また大杉栄※ら社会主義者の暗殺事件が続発するなど国内の治安が悪化、さらに同年末に虎ノ門事件が発生した。大正天皇の病状悪化のためすでに21年に「摂政」に就任していた裕仁皇太子(のちの昭和天皇)が、無政府主義者の難波大助※※に襲撃された。この事件の引責で山本内閣は総辞職した。

第3節 清浦奎吾内閣崩壊と憲政会内閣

❖❖❖ 「護憲三派」と第二次護憲運動 —— 「憲政の常道」時代の始まり

清浦奎吾

1924(大正13)年1月、山県系官僚の清浦奎吾※※※に組閣大命が下った。元老西園寺らは、貴族院議員主体で政党勢力に基盤を持たない「中立」な清浦内閣に公正な総選挙を行わせて、普選(普通選挙)問題で揺れる民意の帰趨を占おうとした。一方、国民の多くは政友会政権のあと加藤友三郎、山本権兵衛、そして清浦と官僚内閣が続くなか実現しない普選に不満を募らせていた。政友会の反総裁派は普選運動に反対して脱党、新たに政友本党として清浦内閣を支持して与党となったが、これに対抗して野党各党は普選実現のため連携に動いた。加藤高明の憲政会、高橋是清の政友会、犬養毅の革新倶楽部は、党首会談で「憲政の本義に則り政党内閣制の確立を期する」と申し合わせて、「護憲三派」として結束した。全国で行われた護憲大会では清浦内閣を「貴族院特権内閣」として激しく批判され、普選実行や貴族院改革などが主張された。これが、大正初期の桂藩閥内閣を倒した大正政変＝第一次護憲運動(憲政擁護運動)に次ぐ、第二次護憲運動である。

清浦内閣は解散総選挙に臨んだが、その結果は護憲三派の圧勝で清浦内閣は総辞職、元老西園寺は衆院第一党となった憲政会の加藤を後継に推薦して、24年6月に憲政会の加藤高明を首班とする連立護憲三派内閣が成立した。この加藤内閣から、衆院第一党の党首が内閣を組織する政党内閣が「憲政の常道」として慣行となる「大正デモクラシー」時代が、32(昭和7)年の犬養毅内閣まで続く(⇒第10章・第4節)。

大正政変で「憲政の神様」と称された尾崎行雄(⇒第8章・第3節)や犬養は、第二次憲政擁護運動でも活躍した。尾崎は政友会を脱党したのち憲政会創立に参画するもその普選運動を不徹底と批判して除名され、犬養の革新倶楽部へと移り第二次護憲運動に参加した。また「民本主義」を主唱した政治学者・吉野作造※※※※は、第二次護憲運動の理論的指導者となった。キリスト教徒で東大教授の吉野は、主権在民とする「民主主義」ではなく「民本主義」の語を用いて天皇主権を

吉野作造

※　1885～1923。香川県出身。東京外国語学校仏語科卒。妻伊藤野枝(のえ)と共に憲兵大尉甘粕正彦(あまかす・まさひこ)によって殺害。
※※　1899～1924。山口県出身。事件の翌年11月死刑。父・作之進は地元の名士で衆議院議員だったが事件後辞職し大助処刑の半年後、餓死。
※※※　1850～1942。肥後出身。第2次松方内閣の司法相で初入閣。第2次山県内閣の法相時に治安警察法制定。第1次桂内閣で内相、司法相、農商務相。
※※※※　1878～1933。宮城県出身。東大教授。論文「憲政の本義を説いて其(その)有終の美を済(な)すの途(みち)を論ず」(1916年『中央公論』)が著名。

大原則とする明治憲法との抵触を避け、その枠内での立憲政治実現を目指した。吉野は具体的に政党内閣制や普選の実現を主張する一方、軍部、貴族院、枢密院など超然主義、絶対主義的性格を持つ統治機構の改革を唱えて当時の論壇の寵児となった。

　25年、護憲三派内閣は衆議院選挙に「男子普選」(納税額にかかわらず、日本国籍を持ち内地に住む全ての成人〔満25歳以上〕男子に選挙権)を導入する普通選挙法を成立させた。

❖❖❖❖ 加藤高明首相と財閥

右が加藤、左は渋沢栄一。後ろは伊東巳代治(みよじ)。伊東は伊藤博文の側近(⇒第4章・第2節)。政友会寄りで、憲政会及びその後継である立憲民政党には批判的だった。

　政友会の陰に隠れた「苦節十年」の野党暮らしのため、初学者にとって憲政会の加藤高明※は、政友会の原敬に比べて印象が薄いのではないか。

　しかし加藤は、政友会に対抗しうるもう一つの有力政党の流れとなる立憲同志会、憲政会の中心的存在であり、普選実現という目標を掲げて政党間連合の中心となるなど大正デモクラシー期の政党政治で大きな役割を果たした。かつての大隈重信と同様、外交で活躍しイギリス流の二大政党政治を目標とした加藤は、名古屋の豊かな代官手代の家に生まれ、エリート外交官の経歴を持ち、三菱財閥の婿(妻は岩崎弥太郎の長女・春路)など、その生い立ちは「貴族的」で大衆的要素が乏しかった。この意味で加藤は「平民宰相」原と対照的であったが、それを党内で支えたのは、若槻礼次郎※※や浜口雄幸(⇒第10章・第2節)といった、桂太郎や後藤新平が発掘した大蔵省などの官僚出身者であり、彼らも大正末から昭和にかけて憲政会=立憲民政党の首相となる。

　特に、加藤の縁戚関係による財閥とのつながりは重要で、政党党首としての資金調達力をもたらした。財閥は、戦前日本を牛耳った独占的資本家、企業家の一団であり、同族支配や政府との密接な関係が特徴である。江戸時代から明治初期に起源を持つ三井・三菱・住友・安田は特に四大財閥と呼ばれたが、このうち三井財閥は明治維新で朝廷に献金し新政府から優遇された経緯があり、政治的には長州閥、のち自由党や政友会と結び政界に影響力があった。一方、岩崎弥太郎が創始した三菱財閥は、政治的には薩摩閥に近く、のち立憲改進党、そして加藤の憲政会、昭和の立憲民政党と結んだ。なお三菱財閥は第二次大戦後の財閥解体を経て、現在の旭硝子(現AGC)、麒麟麦酒(現キリン)、東京海上日動、明治安田生命など三菱グループと呼ばれる企業集団につながっている。

　大正時代には四大財閥などの既成財閥に加え、大戦景気を背景に新興勢力の鈴木、久原、川崎などの「大正財閥」、また鉄道や電力の普及でこれらの企業経営者も力を伸ばした。現在も続く大手私鉄の大正時代の経営者には、憲政会から衆院議員となり政界進出を果たした例があり、関東の例では、昭和期から沿線開発の一環でプロ野球「西武

※　1860〜1926。実家は尾張藩の下級武士で名古屋の加藤家に養子に入る。東大法学部卒。三菱入社後に渡英、帰国後副支配人。大隈重信外相秘書、駐英大使を経て、第4次伊藤内閣の外相で初入閣。第1次西園寺、第3次桂、第2次大隈で外相を歴任。首相在任中に病死。

※※　1866〜1949。松江藩(島根県)出身。東大卒後、大蔵省入省。第3次桂内閣の蔵相で初入閣。16年憲政会結成に参加、副総裁。加藤内閣で内相、加藤没後、憲政会総裁、首相(第1次内閣)。31年、浜口雄幸首相の死後、民政党総裁となり、再度首相(第2次内閣)。(⇒第10章・第3節)

ライオンズ」を運営する現西武鉄道の堤康次郎(1924年以降当選13回)や、平成期にその本社付近に「東武スカイツリー」を建設した東武鉄道の根津嘉一郎(04年以降当選4回)がいる。このように、加藤の憲政会は財閥や鉄道など財界とかかわりの深い政党であった。

　大正デモクラシー期の政友会と憲政会が、政策や選挙で激しく競い合う過程で、利益誘導や党派的官僚人事などの弊害も指摘された。選挙違反取締りを司る「高等警察※」を利用した事例などが有名であるが、ここでは政党と鉄道整備をめぐる一つの事例を挙げる。東北岩手の一ノ関(一関市)～盛(大船渡市)を結ぶJR大船渡線は、北上高地を横断して東北本線と三陸地方を接続する地方路線である。現在の愛称は「ドラゴンレール」であるが、歴史家や鉄道ファンには、政党の政治力によるルート変更が相次いだ「鍋弦線」として親しまれて(?)いる。政友会の地盤「摺沢」地区(現在は一関市内)による北へのルート変更を受け、南の「千厩」地区(同上)は憲政会に働きかけ、ルート再変更に持ち込んだ。鍋の弦のように北に極端に迂回したこの路線は、従来「政治路線」の典型とされてきた。結果的に複数地区を経由することでは沿線の便益を高めたとも言えるが、一ノ関から盛までの本来の直線距離の3倍以上を北に大きく迂回する羽目になりつつも、大船渡線は現在も沿線や三陸地方の人々の生活を支えている。

❖❖❖ 治安維持法制定 —— 労働運動・共産主義の高まりの中で

　普選運動に代表されるような国民の政治・権利意識の高まりにより、日本社会では労働組合※※によるストライキ・争議などの労働運動、平塚らいてうや市川房枝※※※らによる婦人参政権運動、非差別部落解放運動など各種の政治運動、思想運動が活発となった。

平塚らいてう

　とりわけ、1917年のロシア革命を契機とした国際社会および国内での社会主義、さらに天皇制や私有財産制を否定する共産主義、無政府主義などの急進的、革新的傾向を持つ左翼運動台頭は、25(大正14)年の普選導入と"抱き合わせ"での治安維持法制定につながった。背景には、君主制廃止が当時の国際的潮流となり、第一次大戦や革命でロシア、ドイツ、オーストリア、トルコなど多くの君主国が消滅したことがある。

市川房枝

　26年、加藤高明の死後、元老西園寺らは憲政会政権の継続を選択、内相として普選法や治安維持法成立に尽力した若槻礼次郎※※※が後継となり、第1次若槻内閣が成立した。若槻内閣は幣原喜重郎外相による協調外交路線など加藤内閣の政策を継承したが、その年12月大正天皇が崩御、昭和天皇の即位により大正時代が終わりを迎え、昭和という新たな時代が始まった。

[福沢真一]

　※　反体制活動の取締りを目的とした警察。1910年の大逆事件(明治天皇暗殺容疑によって数十名が逮捕、処刑)を機に強化され、警視庁に「特別高等課」(特高)が設けられ(順次全国に配置)、社会主義・共産主義者の集団活動への監視から、個人の言論・思想の弾圧まで行った。
　※※　企業や地域により、規制・弾圧も行われた。根拠法は1900年、第2次山県有朋内閣で制定の治安警察法(25年の治安維持法とは別)。
　※※※　平塚(1886～1971)は東京出身。本名「明(はる)」。1919年に市川房枝らと新婦人協会を設立、女性の参政権獲得を目指した。市川(1893～1981)は愛知県出身。大政翼賛会に参加したため戦後公職追放となるが、53年の参議院選挙で初当選。80年には当時の全国区で1位当選。

第10章

協調外交の挫折と孤立への道

1932年5月、犬養首相暗殺（五・一五事件）。翌年3月、国際連盟脱退を伝える新聞。満州事変後の奉天、錦州の日本軍。春春の関東軍司令部。

♪ 本章のキーワード ♪

- ☐ 協調外交
- ☐ 強硬外交
- ☐ 張作霖爆殺事件
- ☐ 満州事変
- ☐ 統帥権

- ☐ ロンドン海軍軍縮条約
- ☐ 五・一五事件
- ☐ リットン調査団
- ☐ 満州国建国
- ☐ 国際連盟脱退

第1節 協調外交から強硬外交への転換

　昭和時代は、大正時代から続く第一次世界大戦（1914〜18年）後の恐慌（戦後恐慌）や、関東大震災（1923年）後の恐慌（震災恐慌）からの脱却が求められており、この不況から国民の目をそらすために対外的には強硬路線が取られるようになった。

　第9章でみた通り、加藤（高明）内閣、第1次若槻（礼次郎）内閣において幣原喜重郎外相が中心となって作り上げた協調外交路線も、1927（昭和2）年4月の田中（義一※）内閣成立後には、一転して田中首相兼外相による強硬外交路線へ転換が行われた。

　この転換には、中国大陸における「北伐」（北京以北を支配する軍閥打倒を目指す標語）戦争の進展が大きく影響を及ぼしている。外国人居留地での中国人デモに対して警察官が発砲をし、多数の死傷者を出した「五・三〇事件※※」をきっかけとして列強に対する反帝国主義運動が全国に広がっていった。この運動を受けて25（大正14）年7月、国民政府が樹立され、前年より中国共産党と手を組んでいた中国国民党は、全国統一を目指して国民革命軍を結成した（第1次国共合作 ⇒第11章・第2節）。26（昭和元）年には広東から北上を開始して、27年には武漢や南京、上海を次々に占領していったのである。

　革命軍の進撃に対して、日本国内では立憲政友会、軍部、枢密院は武力による鎮圧を主張し、あくまで列強と歩調を合わせようとする幣原外交を軟弱外交と非難したが、この批判を幣原は意に介さなかった。しかし、27年5月には革命軍が山東省へ勢

※　長州出身。陸軍大将。日露戦争では満州軍参謀として出征。軍務局長時代に2個師団増設を推進。原内閣に陸相で初入閣。第2次山本内閣でも陸相。政友会総裁。入党の際の持参金300万円が、陸軍機密費を横領したとの疑惑がある。

※※　1925年2月に発生した、日本人が経営する上海の紡績工場での労働争議がきっかけとなった中国の民衆運動。争議の指導者が殺され、抗議した学生が逮捕。これに反発した上海の労働者や学生が5月30日に蜂起し、活動が全国に拡大した。

力を拡大する形勢となったため、田中は居留民・権益保護を名目として、山東半島南岸の要港・青島（チンタオ）から済南（さいなん/チーナン）へ出兵を行った（第1次山東出兵）。

田中義一（1864〜1929）

　また同年6月から7月にかけて、田中は「対支政策綱領（たいし）」という中国大陸での政府の基本方針を東方会議で決定して武力による鎮圧を明確化し、翌28年には2度にわたる出兵（第2次・第3次山東出兵）を行って山東地域を制圧して29年に撤兵（てっぺい）した。このようなたび重なる出兵は中国に住む人々の対日感情を悪化させ、これまで欧米に向けられていた反帝国主義運動の矛先（ほこさき）も日本へと向かうようになっていった。

西園寺公望（1849〜1940）

✦✦✦ 張作霖爆殺事件とその影響

張作霖（1875〜1928）

　山東出兵によって国民革命軍の「北伐」は遅れたが、その勢力は北京にまで及んできた。満州や華北（中国東北部、中国北部）を支配していた軍閥（ぐんばつ）の張作霖（ちょうさくりん）は形勢不利を悟り、奉天（ほうてん）へと撤退するが、その最中の1928（昭和3）年6月4日、関東軍（⇒第3節）参謀・河本大作（こうもとだいさく）※大佐の立案した計画によって列車を爆破され、張は死亡した。この暗殺劇は政府も陸軍も知らない関東軍の独断行動であった。そもそも張は日本の後押しで勢力を拡大してきたが、北京入城後は必ずしも日本の意に沿わず、関東軍にとって不要な存在となっていた。田中首相は、まだ張に利用価値があると考えていたが、関東軍は張の排除と同時に満州の制圧を画策したのである。しかし、張が爆殺された後は長男の張学良（ちょうがくりょう）が跡を継ぎ、軍閥をまとめて国民党に合流したため、関東軍の満州制圧作戦は失敗に終わった。

　当初、爆殺事件は国民党スパイの仕業とされたが、やがて関東軍の関与を知った田中は、元老（げんろう）の西園寺公望（さいおんじきんもち）（⇒第6章・第3節）に報告すると、西園寺は直ちに事件の調査、公表を行って関係者を厳罰に処することを指示した。田中もまた関係者を軍法会議にかけることを天皇に上奏したが、いざ処分を進めようとすると軍部や閣僚より異論が噴出した。陸軍はもとより、陸軍の反対に後押しされた白川義則（しらかわよしのり）※※陸相からも異論が出たため、最終的には田中が折れる形で河本の停職や、村岡長太郎（むらおかちょうたろう）※※※関東軍司令官の予備役（よびえき）（現役の軍務を解かれ市民となる）編入という軽い行政処分に留めることになった。

　田中の方針転換は昭和天皇の不興（ふきょう）を買い、29年7月、天皇の信任を失ったと判断した田中は総辞職することとなった。事件は日本国内では「満州某重大事件（ぼう）」と呼称されて、29年1月の帝国議会で論戦の対象となったが、与野党ともに関東軍の関与を国民に秘匿（ひとく）し続けた。結果として責任の所在を曖昧にして隠蔽（いんぺい）を行ったことが、その後の関東軍による満州制圧計画、すなわち満州事変につながったのではと考えられる。

　※　1883〜1955。兵庫県出身。26年3月、陸軍大佐、関東軍参謀。その2年後、張作霖爆殺を計画、実行。事件後、停職。退役後、満鉄理事、関連会社の役員。敗戦後、中国共産党軍に捕えられ収容所で病死。
　※※　1869〜1932。愛媛県出身。陸軍大将。日露戦争で歩兵第21連隊（広島）大隊長として出征。田中内閣陸相で初入閣。32年、上海派遣軍司令官在任時、上海の天長節祝賀祭挙行中に朝鮮人運動家が投げた爆弾で重傷、翌月死亡。この「上海天長節爆弾事件」で、重光葵上海公使（のち外相 ⇒第13章・第1節）は右脚を、第3艦隊司令官野村吉三郎（のち駐米大使 ⇒第11章・第3節）は右眼を失った。
　※※※　1871〜1930。佐賀県出身。陸軍中将。日露戦争では第2師団（仙台）の参謀として出征。爆殺事件の引責で予備役編入の翌年死去。

❖❖❖ 普通選挙法公布後初の衆議院議員選挙

　一方、国内では田中内閣の下、1925（大正14）年5月5日の普通選挙法（⇒第9章・第3節）の公布以後、初めての衆議院議員選挙が28（昭和3）年2月20日に実施された。この当時、選挙制度は中選挙区制を採用しており、政友会と立憲民政党が二大政党であった。少数与党であった政友会は同選挙で217議席を獲得し、若槻内閣の与党であった民政党216議席と拮抗した議席数ではあったが、かろうじて第一党となった。

　この選挙では社会民主党、労働農民党、日本労働党などの無産政党も8議席を獲得した。無産政党の台頭は田中に危機感を抱かせることとなり、翌月、治安維持法を適用して共産党員の活動を取り締まった（三・一五事件）。さらに同年には治安維持法の改正を行った。この改正案は、国体の変革を目的として結社を組織した者やその役員たちなどへの罰則を10年以下の懲役・禁固から死刑まで引き上げるもので、与党である政友会員からの反対もあったが田中は閉会後に緊急勅令で成立させたのである。29年4月には、再び共産党員の検挙が行われて、同党は壊滅状態に陥った（四・一六事件）。

第2節 協調外交の再開と挫折 ── ロンドン軍縮条約と「統帥権」干犯問題

浜口雄幸(1870〜1931)

井上準之助(1869〜1932)

　田中内閣の辞職後は野党第一党である民政党が政権の座に就き、西園寺の推薦により、1929（昭和4）年7月2日、浜口雄幸※が首相となった。浜口は対外的には田中のとった強硬外交からの転換を図るために、再び、幣原を外相に起用すること、国内的には長期間にわたる不況から脱出を図るために井上準之助※※を蔵相に起用することを決めた。

　第1節で述べたような田中の強硬外交は、対中関係のみならず、日本の大陸進出を企図するものだとして米英両国との緊張をも高めた。そこで幣原は、30年4月、「ロンドン海軍軍縮条約」に調印して英米との融和を図るとともに、5月には日中関税協定を結んで条件付きで中国に関税自主権を認めることで、かの国との緊張緩和にも務めた。

　しかし、この条約内容が問題になった。そもそも軍令部が主張する対米7割（補助艦保有量の削減）を下回るアメリカの提案を浜口が承認したことで、海軍でこれを了解する条約派（岡田啓介〔⇒第4節〕軍事参議官など）と、反対する艦隊派（加藤寛治※※※軍令部長など）で対立が起きたが、さらに大日本帝国憲法第11条に定める「統帥権」への政府の干犯（制限を

　※　高知県出身。大蔵次官から政界入り。1915年衆議院議員選挙で当選（以後6回当選）。憲政会総務を務め、第2次加藤高明内閣の蔵相で初入閣。第1次若槻内閣で内相。27年立憲民政党初代総裁。29年首相。30年ロンドン海軍軍縮条約批准後、銃撃、翌年死亡。
　※※　大分県出身。横浜正金銀行頭取、日本銀行総裁を経て、第2次山本権兵衛内閣で初の蔵相。貴族院議員。浜口内閣で再度蔵相。金解禁を断行。第2次若槻礼次郎内閣でも蔵相留任。野党となった立憲民政党総務として選挙応援中に、血盟団団員・小沼正により暗殺。
　※※※　福井県出身。海軍大将。日露戦争では戦艦三笠（東郷平八郎連合艦隊司令官らが乗艦）の砲術長。巡洋戦艦艦長、海軍大学校校長などを経てワシントン軍縮会議へ出席、対米7割の強硬論を主張。連合艦隊司令長官、軍令部長、軍事参議官を経て1935年予備役。

越え相手の権利を犯すこと)ではないかという声が野党の政友会より上がったからである。

帝国憲法第11条には「天皇ハ陸海軍ヲ統帥ス」という統帥権(⇒第4章・第2節)が規定されており、第12条には「天皇ハ陸海軍ノ編制及常備兵額ヲ定ム」という編制権も別に規定されている。一般的に統帥権は参謀本部(陸軍)と軍令部(海軍)がつかさどるが、編制権については、内閣の一員である陸相・海相と内閣から独立した参謀本部・軍令部が、どの割合で分有しているかどうかは曖昧であった。この時、浜口民政党政府は、条約締結の権限は「国務」であると答弁したが、野党政友会(総裁は犬養毅※)の主張に触発された艦隊派・枢密院なども、政府が軍令部の反対を押し切って条約に調印したことは統帥権を犯す行為であると非難したのである。

政府は条約派の海軍幹部である岡田啓介(⇒第4節)、鈴木貫太郎(⇒第11章・第4節)に軍令部の説得を任せる一方、西園寺の支持、民政党の支持を背景に枢密院の諮詢を経ると、30年10月には同条約批准にこぎつけた。しかし、これら一連の行為は右翼活動家をも刺激し、11月に浜口首相は東京駅にて右翼団体党員・佐郷屋留雄(嘉昭)に狙撃されて療養状態となり、翌年4月には浜口死去にともない同内閣は退陣を余儀なくされた。

以上のように、政友会が民政党の攻撃材料として持ち出した統帥権干犯問題は、やがて統帥権の拡大解釈へとつながっていき、政府が軍部の行動を制御できない事態に陥っていった。

第3節 満州事変の開始

1931(昭和6)年4月、浜口の後は若槻礼次郎が再び内閣(第2次若槻内閣)を率い、幣原は外相、井上は蔵相に留任となった。この人事は引き続き協調外交、緊縮財政が継続されることを意味しており、若槻は満州の主権回復を主張する国民党や張学良との軋轢をどう解消するのかということ、金解禁にともなう緊縮財政の中、恐慌からどのように脱出するのかといった諸問題を解決しなければいけなかったが、軍部の中国への強硬路線や国民の日本大陸進出への期待から解決の糸口を見出せていなかった。

また関東軍は、1度失敗した満蒙を武力占領することを諦めておらず、板垣征四郎※※大佐、石原莞爾※※※中佐を中心に、再度、占領計画を練っていた。そもそも満州一帯を支配下に収めることは、経済的な切り口でみると大豆などの農産物、鉄・石炭などの鉱物資源の確保や資本の投資先といった利権の確保という点で重要視されていたからであ

※ 備中(岡山県)出身。新聞記者として西南戦争に従軍。立憲改新党創設に関わり、第1回総選挙で衆議院議員。以後、17回連続当選。第1次大隈内閣で文相、第2次山本権兵衛内閣で通信相。加藤高明内閣でも留任。1929年政友会総裁。(⇒第4節)

※※ 1885～1948。岩手県出身。陸軍大将。29年関東軍高級参謀、2年後に満州事変を起こす。満州国軍政部最高顧問、関東軍参謀長を歴任、満州への移民を推進。第5師団長として日中戦争に出征。第1次近衛内閣の陸相に初入閣、平沼内閣でも留任。朝鮮軍総司令官を経て、第7方面軍司令官としてシンガポールで終戦。その後、極東国際軍事裁判でA級戦犯、絞首刑。(⇒第12章・第1節)

※※※ 1889～1949。山形県出身。陸軍中将。ドイツ駐在武官時に国家総力戦を想定。28年関東軍主任参謀、3年後、満州事変を計画・実行。満州国創設にも関与。35年参謀本部作戦課長、翌年「二・二六事件」では東京警備司令部参謀を兼ね、鎮圧に対処。37年関東軍参謀副長となるが、参謀長東条英機と対立。第16師団(京都)師団長を最後に予備役。独自の国家観による膨大な著述を残す。

るが、軍事的な切り口としては対ソ連への備えや華北への進出の一拠点とすることが狙いでもあったからである。

9月18日、関東軍はかねての計画通り、奉天郊外で南満州鉄道（満鉄）の線路を爆破し（柳条湖事件）、これを中国軍の仕業として軍事行動に移った。近接していた中国軍の兵営を攻撃して制圧すると、奉天、長春といった南満州における満鉄の沿線都市を占領していった。

この状況を受けて、19日、若槻首相は直ちに不拡大方針を打ち出して事態の収拾を図ることを決定したが、21日には朝鮮半島に駐屯している林銑十郎（⇒第11章・第1節）率いる朝鮮軍が独断で越境を行い関東軍の支援にまわった。この独断越境については賛否両論があったが、陸軍の強い要望により若槻は、この行動を追認して正式な派兵として扱った。

9月24日に政府は、自衛のために日本軍は行動したこと、これ以上の戦線拡大は望んでいないことを改めて声明として発表した。しかし、政府の発表とは裏腹に関東軍は

若槻礼次郎（1866〜1949）

「満州国」

「満州国」の面積は約130万km²（日本本土の約3.5倍）人口は約4300万人（1940年当時、日本は約7200万人）

溥儀（1906〜67）
清朝最後の皇帝（宣統帝）。辛亥革命で退位。関東軍に擁立されて、満州国執政、満州国皇帝となる。戦後はソ連に抑留後、中国（共産党政府）で収監、のち釈放。

満州国国務院
長春（新京）に置かれた行政機関。皇帝溥儀の下、旧清国出身の軍人・官僚らで組織されたが、実質的には関東軍と、日本から出向した官僚が支配した。

リットン（1876〜1947）（⇒第4節）

リットン調査団
1931年9月の柳条湖事件、続く満州建国など一連の日本の軍事行動に対し、国際連盟は32年2〜9月、満州と日本に調査団を派遣。（⇒第4節）

ノモンハン事件
1939年5〜9月、モンゴル東部での日ソ衝突。関東軍は、ソ連軍の最新鋭戦車など圧倒的軍事力に大敗。同盟国ドイツとソ連の不可侵条約締結も影響し、対ソ戦回避を決断。（⇒第11章・第2節）

黒竜江省
興安省
ハバロフスク
チチハル
モンゴル人民共和国
中華民国
ハルビン
熱河省
山海関
吉林省
長春
ソ連
柳条湖事件
奉天省
朝鮮
ウラジオストク
日本海

板垣征四郎と石原莞爾
2人が、満州事変を計画。当時板垣は、関東軍高級参謀、石原は、主任参謀。

板垣と石原の当時の上官、関東軍参謀長・三宅光治は1945年ソ連に抑留され10月、獄中死。関東軍司令官本庄繁は同年11月、拘留直前に、自決。

三宅光治　本庄繁

張鼓峰事件
1938年7〜8月、ソ連・朝鮮の国境付近で起きた衝突。満州駐屯の第19師団が参謀本部の制止を無視して交戦、機動力に勝るソ連軍に敗れ、甚大な被害を出した。（⇒第11章・第2節）

錦州
奉天
旅順　大連
北京　天津
中華民国

関東州
山海関の東側、遼東半島最南端を指す旧称（「関東」）には、満州も含まれるとされる。日清戦争以来、因縁の地。日露戦争の結果、1905年にロシアから租借権を獲得。（⇒第5章・第2節）

関東軍
関東州防衛と満鉄保護を目的に置かれた関東都督府陸軍部を1919年改組。幹部は、参謀本部の指示や歴代内閣の政策に背く軍事行動を再三起こした。司令部は旅順、満州事変後は長春。

RAILWAY & STEAMER CONNECTIONS IN THE FAR EAST
MONGOLIA
MANCHURIA
CHINA
EASTERN SEA
SEA OF JAPAN

南満州鉄道（満鉄）
日露戦争勝利後の1906年、ロシアから得た権益を維持・発展させるため設立した半官半民の会社。現地調査、鉄道整備により満州への軍事進出に貢献。本社は大連。（⇒第6章・第3節）

1920年5月の満鉄の案内（地図と時刻表）

10月に南満州の錦州を爆撃、11月には北満州のチチハルを攻略するなど着実に満州制圧を進めていった。政府と関東軍との方針が噛み合わない中、安達謙蔵※内相が政党勢力は一致結束して事態の収拾を図らなければならないと唱えて政友会との大連立を提案するが、幣原、井上らに反対された。その後、安達は閣議に出席することを拒み、かつ辞表を出すことも拒んだため、12月に若槻は内閣総辞職の道を選んだ。

　民政党の若槻の辞職にともなって、次の内閣は政友会の犬養毅が率い、外相も兼務した（31年12月13日組閣時）。この人事は犬養自らが満州事変の収拾を図るためで、その後、蔣介石(⇒第11章・第2節)らに特使を派遣して国民政府との融和を図ろうとしたが、関東軍が中心となった「満州国」建国によって、犬養の試みは失敗に終わった。結果的には日本の満州制圧が進む中、国民政府は一連の行動について国際連盟に提訴を行った。最初は渋っていたものの、日本もこの提訴に応じる形で調査団の派遣を提案し、12月に国際連盟理事会は調査団(⇒第4節)の現地派遣を承認した。一方で32年1月には、満州から世界の目をそらすため、上海在住の日本人殺害の謀略を企てて海軍陸戦隊を上陸させ、2月には陸軍を派兵し、中国軍と衝突した（第1次上海事変　⇒第11章・第2節）。

第4節　五・一五事件と国際連盟の脱退

　ロンドン海軍軍縮条約、昭和恐慌の影響で、軍人の不満、国民の不安が高まり、政党内閣や財閥への批判が集まっていった。その中で満州事変が進行したが、この状況を打破するには陸海軍主体の内閣が必要と考える軍人や右翼が、国家改造計画を唱えるようになった。

犬養毅 (1855~1932)

　1931(昭和6)年には、すでに一部の陸軍中堅将校が結成した桜会が浜口首相に辞任を迫っていた。軍事政権樹立を目指し、宇垣一成※※陸相を首班に想定した「三月事件」や、浜口首相、幣原外相を殺害して荒木貞夫※※※中将を擁した「十月事件」が計画されたが、いずれも未遂に終わった。しかし、これらの事件における首謀者の処罰は不徹底であり、その後に影響を残したのである。

宇垣一成(1868~1956)

　32年になると、2月に井上前蔵相、3月には団琢磨三井合名会社（三井財閥の持株会社）理事長が、次々と国家主義団体員に射殺される「血盟団事件」がおきた。そして血盟団と関係があり、軍縮条約に不満を持っていた海軍将校と、満州国承認引き延ばしに不満を抱く陸軍士官候補生たちが中心となって、クーデターが計画された。首相官邸、内相官邸、警視庁、政友会本部、日本銀行、三菱銀行、変電所を襲い、国会改造を成

※　1864~1948。肥後（熊本県）出身。朝鮮で新聞創刊。閔妃事件に関与。帰国後、02年総選挙で初当選(立憲同志会)、以後14回連続当選。加藤高明内閣の通信相で初入閣(立憲民政党)。浜口内閣で内相(民政党)、第2次若槻内閣で留任。32年、国民同盟を結党。
※※　1868~1956。岡山県出身。日露戦争はドイツ留学中で出征せず。13年、清浦奎吾内閣の陸相で初入閣。加藤内閣、第1次若槻内閣でも留任、軍縮を推進。浜口内閣でも陸相となるが「三月事件」で辞任、朝鮮総督。第1次近衛内閣の外相、拓務相。戦後、参議院議員。
※※※　1877~1966。現在の東京都狛江市出身。日露戦争では近衛後備混成旅団副官で出征。憲兵司令官、陸軍大学校校長、教育総監部本部長を歴任。犬養内閣の陸相で初入閣、斎藤内閣でも留任。陸軍大将。二・二六事件後、予備役となるも、第1次近衛内閣と平沼内閣で文相、この間、軍国教育を推進。戦後、A級戦犯として終身刑となるも仮出所。講演活動などを行った。(⇒第12章・第1節)

し遂げるというもので、その多くは施設の一部は破壊したものの未遂であった。しかし、首相官邸への襲撃は強行され、5月15日に犬養首相は射殺された（五・一五事件）、

　後任は、本来、与党政友会から選ぶべきだったが、元老の西園寺は事件を考慮して政党内閣は諦め、海軍内で穏健派と目されている斎藤実※大将を推薦することにした。この内閣には政友会も民政党からも入閣しており、いわゆる挙国一致体制が取られてはいたが、首相が軍人から選ばれたことで、24（大正13）年の加藤高明内閣（⇒第9章・第3節）から続いていた「憲政の常道」すなわち政党内閣は、戦後まで作られることはなかった。

「五・一五事件」直後に成立した斎藤内閣（1932年5月26日組閣。数字は満年齢）
※4年後の「二・二六事件」の犠牲者が3人含まれている。

高橋是清（78）蔵相（政友会）
留任。かつ5度目の蔵相。
（⇒第9章・第1節／第11章・第1節）

山本達雄（76）内相（民政党）
元日銀総裁、蔵相ほか歴任。

鳩山一郎（49）文相（政友会）
留任。犬養と共に、「統帥権」干犯問題では浜口内閣を追及。
（⇒第3章／第12章・第4節）

斎藤実（74）首相（海軍大将）
前朝鮮総督。7月まで外相兼任。
（⇒第11章・第1節）

荒木貞夫（55）陸相（陸軍中将）
留任。34年辞任（後任は林銑十郎）。
（⇒左ページ）

永井柳太郎（51）拓務相（民政党）
初入閣。雄弁で知られた。拓務省は植民地の統治事務を所管（29～42年まで）。

岡田啓介（64）海相（海軍大将）
再任（初入閣は田中義一内閣）。
（⇒第11章）

三土忠造（61）鉄道相（政友会）
蔵相・通信相ほか、重要閣僚を歴任。鉄道省は鉄道を所管（20～43年まで）。

　斎藤内閣では、満州国との間で32年9月に日満議定書を取り交わして日本の権益を尊重すること、日本軍の駐屯を認めること、交通機関の管理を日本に委託すること、政府の要職に日本人を登用することなどが決められた。すでに同年3月には清国最後の皇帝・溥儀（⇒第3節）を「執政」として満州国の建国が宣言され、「王道楽土・五族協和（日本人、漢民族、満州民族、蒙古民族、朝鮮〔韓〕民族の協調）」が謳われたが、この宣言はリットン※※の報告書が国際連盟に提出される前に、同国の独立を既成事実化する意図があったと言えよう。

　リットン調査団（⇒第3節）は、2～9月まで日本、中国を回りながら要人と会談しつつ情報を集めて、10月に連盟加盟国に報告書を提出した。この報告書では、中国は混乱状況にあるが統一に向かいつつあることを指摘しつつ、柳条湖事件に端を発したそれ以後の日本軍の行動は自衛としては認められないこと、満州国は在住の中国人による自発的な意志によって建国されたものではないことが記されていた。しかし同時に、満州国に代わる地方自治政府を設置すること、外国の軍隊は撤退し国際治安維持部隊を派遣すること、主に日本人顧問を招聘することなどを提案していた。

　注目すべき点は、日本が主張する満州国の存在を否定しつつも、国際管理という形で、実質的には日本の既得権益を認めるとしている箇所にある。そもそも欧米列強は世界各地に植民地を持っており、リットンの母国であるイギリスも中国に（香港など）植民地を持つ国であった。従って、日本は満州建国を否認されても、同地で日本が主導権を握れる余地が作られていたことが、報告書の要点であったとも言えるであろう。

※　1858～1936。陸軍水沢藩（岩手県）出身。海軍大将。4年間の米国留学兼駐米公使館付駐在武官を経験。帰国後、防衛巡洋艦「秋津洲」「厳島」艦長を歴任。日露戦争では海軍次官（海相は山本権兵衛）。第1次西園寺内閣で海相として初入閣。以後、第1次山本内閣まで5つの内閣で留任。朝鮮総督を経て首相。岡田内閣内大臣の時、「二・二六事件」で暗殺。（⇒第11章・第1節）

※※　1876～1947。ヴィクター・アレグザンダー・ジョージ・ロバート・ブルワー＝リットン（Victor Alexander George Robert Bulwer-Lytton, 2nd Earl of Lytton）。イギリスの貴族（伯爵）。父はインド総督（インドは47年まではイギリス領）で当人もインドで誕生。25～26年インド総督代理。27～28年国際連盟インド代表団団長、31年イギリス代表団団長。（⇒第3節）

❖❖❖ 国際社会からの孤立

国際連盟総会は1932（昭和7）年12月からスイスのジュネーブで行われたが、日本代表は松岡洋右（⇒第11章・第3節）であった。松岡はイギリスの提案を内田康哉（⇒第9章・第1節）外相に打診したが、内田からは拒否するよう指令を受けた。さらに、この事態を悪化させた事件が熱河作戦※であった。33年1月になると、関東軍は（華北と満州の境とされていた）長城を越えて熱河省、河北省への侵攻を始めた。

結局、内田や軍部の強硬姿勢を維持するまま、33年2月にリットン報告書に基づく採決からさらに一歩進んだ内容、すなわち満州国の取り消し及び日本軍の撤兵についての可否が問われた。加盟国のうち日本とタイ（棄権）以外の全ての国が賛成したため、松岡は自分の意思に反して日本の連盟脱退を決意・通告し、帰国の途につくこととなった。この脱退によって、日本は国際社会からの孤立への道を進んでいくことになった。

34年7月、帝人事件※※で斎藤内閣が総辞職し、岡田啓介が重臣会議によって推薦、内閣を率いることになり、民政党が準与党として岡田を支えることとなった。一方、斎藤内閣の下で民政党とともに準与党として活動していた政友会は、高橋是清や床次竹二郎（⇒第9章・第1節）ら入閣者を除名処分にするなど、岡田内閣には対決姿勢をとり、挙国一致体制は崩壊した。ちなみに、かつての元老会議による首相推薦の方法は26年から変化していたが、この時、元老は西園寺のみとなっており、内大臣・枢密院議長・前官礼遇の勅旨を受けた首相経験者が相談に関わるよう、西園寺自身が手続きを変更したのである。以後、首相の推薦は元老会議から重臣会議へと移行していくこととなる。

岡田内閣は、34年12月にワシントン海軍軍縮条約（主力艦保有の制限 ⇒第9章・第2節）の破棄をアメリカに対し通告したことに加えて、同条約の失効と前後して36年1月に、第2次ロンドン海軍軍縮会議（補助艦保有の制限 ⇒第2節）を脱退した。かつて条約派であった岡田は、艦隊派に押し切られる形で軍縮から軍拡へと舵を切ることとなった。

一方、35年に2月には「国体明徴運動」が起こる（「明徴」とは、事実や証拠に照らし対象の意味を明らかにすること）。貴族院で陸軍出身の菊池武夫※※※が、美濃部達吉（東京帝国大学法学部教授）の提唱する「天皇機関説」が国体に反すると攻撃したのが始まりである。すでに美濃部は右翼の攻撃対象となっていたが、菊池の発言から陸軍、政友会などを巻き込む政治問題へと発展し、岡田首相は窮地に追いこまれた。結局、岡田内閣が「国体明徴に関する声明」（国体明徴声明）を出し、天皇機関説を否定することで収束をみせたが、声明はさらなる陸軍の政治への発言力増大を意味しており、陸軍の内部闘争の責任は、36年の「二・二六事件」で、海軍出身の岡田が取らされることになる。　　　[半田英俊]

※　1933年1月、山海関を軍事占領、2月以降、長城南側の河北省各都市に侵攻。5月に、塘沽（タンクー）で中国政府と停戦協定を結び、満州国を承認させた。

※※　帝国人造絹糸（帝人）会社の株式売買にからむ疑獄事件。台湾銀行が所有する同社株売買につき背任及び贈収賄疑惑から銀行幹部、帝人役員らが検挙。大蔵省幹部も逮捕、斎藤内閣の三土忠造鉄道相、中島久万吉商工相らも検挙（のち全員無罪）。斎藤内閣の倒閣を意図した司法界・政界・軍部らの密謀ともされる。「人造絹糸（人絹）」（レーヨン）は当時新繊維で、重要輸出品。

※※※　1875～1955。熊本県出身。陸軍中将。日露戦争に歩兵第23連隊中隊長で出征。大正末期、参謀本部付で予備役、貴族院議員。室町時代前期、南朝方で功臣を輩出した肥後（熊本）菊池氏の末裔（まつえい）で、皇室崇敬の念が強かった。戦後A級戦犯となるも不起訴。

第11章

陸軍の権力闘争と太平洋戦争

1940年7月、近衛文麿が組閣（第2次）を前に、閣僚候補の東条英機（陸相）、吉田善吾（海相）、松岡洋右（外相）を荻窪の自邸に招いた会議。周りは、36年2月、二・二六事件の反乱軍と戒厳司令部、45年8月、広島と長崎へ投下された原子爆弾、米・英・ソの首脳、その他、太平洋戦争関係の写真。

本章のキーワード

- 皇道派・統制派
- 二・二六事件
- 盧溝橋事件
- 日独伊三国同盟
- 日ソ中立条約
- 日米交渉
- ハル＝ノート
- 原子爆弾
- ポツダム宣言
- 玉音放送

第1節 二・二六事件へ至る争い ——「皇道派」対「統制派」

　陸軍の政治への発言力拡大（⇒第10章）にともなって、陸軍内部での権力闘争も激化した。この闘争の発端は、日本軍の旧装備や、山県（有朋）閥・宇垣（一成 ⇒第10章・第4節）閥が残る上層部を憂えていた永田鉄山※、小畑敏四郎、岡村寧次らの中堅将校たちが、1929（昭和4）年に一夕会を結成したことにある。彼らは荒木貞夫（⇒第10章・第4節）、真崎甚三郎※※、林銑十郎※※※などの陸軍大将たちを担ぎ上げることで軍の刷新を進めていき、いずれ日本にも到来することが予想される「総力戦」に備えるべきであると考えていた。

　やがて一夕会は、人事局補任課長に岡村が就任したことをきっかけに、永田が軍務局軍事課長に就くなど、陸軍内部で勢力を伸ばしていった。ちなみに、31年9月に満州事変を起こした板垣征四郎と石原莞爾（⇒第10章・第3節）も一夕会のメンバーであったが、永田は板垣等の行動に反対であった。やがて犬養（毅）内閣（⇒第10章・第4節）が成立すると荒木が陸相に就任するが、真崎は参謀本部参謀次長、小畑は参謀本部作戦課長に起用された。対して永田は、要職の軍務局長に就任するとみられていたが、満州事変への事後承認や陸相就任後の荒木のやり方に対し批判的であったことで、参謀本部情報担当に異動させられて実務から遠ざけられていった。こうして荒木によって厚遇された一派が「皇道派」、冷遇された一派が「統制派」として権力闘争を展開していった。

※ 1884〜1935。長野県出身。陸軍中将。陸軍大学校卒業後、欧州各国に駐在。21年、ドイツのバーデンバーデンで陸軍士官学校同期の小畑敏四郎（1885〜1947）、岡村寧次（1884〜1966）らと改革を誓約。本文にある通り、軍務局長執務中に斬殺。
※※ 1876〜1956。佐賀県出身。陸軍大将。日露戦争には歩兵第46連隊中隊長で出征。第1師団長、参謀本部次長を歴任。二・二六事件では決起将校たちへの関与を疑われ、軍法会議にかけられるも無罪。極東国際軍事裁判でも逮捕されるが、不起訴、釈放。
※※※ 1876〜1943。石川県出身。陸軍大将。日露戦争には歩兵第6旅団副官として出征（旅順攻城戦に参加）。近衛師団長、朝鮮軍司令官、教育総監を歴任。斎藤内閣、岡田内閣で陸相。広田内閣のあと、首相。

　34年1月、斎藤（実）内閣（⇒第10章・第4節）でも陸相を務めていた荒木が失脚すると、林が新しい陸相に就任したため、林と関係が良好な永田が軍務局長となり、今度は統制派が陸軍内部で主導権を握って皇道派への冷遇を行った。一例として、林の陸相就任により真崎が教育総監※への就任を果たしたが、永田の意見具申で林が真崎更迭を天皇に上奏したことなどが挙げられる。このような統制派による皇道派の締め付けは、35年8月の「相沢事件」、そして「二・二六事件」へつながっていく。相沢事件とは、皇道派の相沢三郎※※中佐によって永田が斬殺された事件を指す。

　1936（昭和11）年2月26日、皇道派の香田清貞歩兵大尉ら数十名の陸軍青年将校が、東京の複数の連隊の下士官・兵（1000名以上）を率いて、斎藤実内大臣、高橋是清蔵相、渡辺錠太郎教育総監らを殺害、鈴木貫太郎（⇒第4節）侍従長に重傷を負わせた。

　当初、岡田啓介首相（34年7月8日組閣）も殺害されたとみられており、皇道派の要望である真崎の首相就任とは別に、新内閣の樹立に向け真崎と川島義之陸相らが動いたが、昭和天皇は組閣よりも鎮圧を優先するよう命じた。近衛師団※※※を率いて自ら鎮圧するという天皇の強硬な意志が、事態を静観していた陸軍上層部にも伝わり、急遽、決起将校たちを「暴徒・反乱軍」として処罰する方針に転じ、兵たちには投降を呼びかけた。

　また、反乱軍と判断されたことに失望した将校の一部もこれに応じ、最終的には首

※　陸軍大臣（陸相）・参謀総長と共に、「陸軍3長官」の1つとされた最重要の役職。教育総監部の長。教育総監部は陸軍内の教育統轄機関で、所轄学校や陸軍将校の試験、陸軍全部隊の教育をつかさどった。
※※　1889～1936。宮城県出身。陸軍中佐。35年、広島県内の連隊付将校から台湾の連隊付将校への異動命令を受け上京。8月12日、陸軍省内で永田鉄山（永田鉄山の前任の軍務局長）を訪問後、軍務の執務室へ向かい殺害。逮捕され、翌年7月13日刑死。
※※※　皇国の守護を主な任務とした陸軍の部隊。ただし、戦時には海外にも出征（日清・日露戦争、日中戦争など）。都内駐屯の近衛歩兵第1～4連隊を主力として編制。師団司令部庁舎は現在の東京国立近代美術館分室（千代田区北の丸）。

謀者の大尉・中尉・少尉ら17名と、皇道派の理論的指導者であった北一輝と西田税が逮捕され、後日死刑となった。なお、この事件で危うく難を逃れた岡田であったが、責任をとって内閣は総辞職することになり、36年3月9日、広田弘毅※が組閣を行った。

　この事件の結果、統制派の武藤章※※※大佐らによって陸軍省内部の主導権は確保され、どちらの派閥にも属していなかった石原が、参謀本部の実権を握るようになった。すなわち、皇道派が一掃され内部闘争に決着がついたことは、統制派の政治権力への介入につながったのである。例えば、広田内閣の閣僚人事に横槍を入れる、帝国国防方針の再改定（1回めは18年、改定は23年）を行う、陸海軍省官制を改正して軍部大臣現役武官制（⇒第8章・第3節）を復活させるなどのことをした。さらに広田内閣はナチスが政権を掌握したドイツと接近し、36年11月に日独防共協定を成立させた。これは翌年11月の日独伊防共協定、40年9月の日独伊三国同盟につながる端緒となった。

　広田内閣は、寺内寿一陸相と浜田国松議員（立憲政友会）との議会での対立（腹切り問答）がもとで総辞職し、元老の西園寺公望（⇒第6章・第3節）は宇垣一成大将を首相に推薦したが、陸軍側の反対で組閣は失敗した。代わりに陸軍の推す林銑十郎大将が内閣を率いることになったが議会との溝は埋まらず、37年2月から僅か4カ月後には総辞職した。

第2節　日中戦争の開始 —— 盧溝橋事件、近衛政権下での戦火拡大

　林の後を受けて、1937（昭和12）年6月には第1次近衛文麿※※※※内閣が成立した。しかし、その1カ月後の7月に北京郊外で、盧溝橋事件が発生する。真偽は不明であるが、夜間演習に出ていた日本軍部隊が発砲を受けたとされており、この発砲に対して牟田口廉也※※※※連隊長が大隊の現地派遣命令を出したことで、日中双方の軍事衝突が始まった。

　停戦協定が結ばれた11日、陸軍の要請で内閣が内地・朝鮮半島・満州から4個師団、2個旅団（師団以下、連隊以上の部隊）の派兵を決定したため、図らずも戦火拡大への準備が整っていった。6年前、満州事変を主導した石原莞爾は、参謀本部で第1部長を勤めており、対ソ戦に備えるべきことを理由に不拡大を主張した。しかし、武藤章（第1部作戦課長）らは華北分離の実現のために拡大を主張し、最終的には石原が折れた形となった。

　8月に入ると上海で日中両軍が衝突し（第2次上海事変 ⇒第10章・第3節）、華北のみならず華中でも陸軍のさらなる派遣が決定した。この事変でも石原は不拡大を主張するが受け入れられず、9月に石原は関東軍参謀副長に転出させられて、拡大派が実権を握ることとなり、対中政策は決定づけられていったのである。

　※　1878〜1948。福岡県出身。駐オランダ、駐ソ連大使を経て、斎藤内閣の外相（内田康哉の後任）で初入閣。岡田内閣でも留任。二・二六事件後、首相兼外相。第1次近衛内閣でも外相。戦後、極東国際軍事裁判で処刑（軍人以外で唯一のA級戦犯死者）。
　※※　1892〜1948。熊本県出身。陸軍中将。37年、中支部方面軍参謀副長として南京攻略を推進。陸軍省軍務局長（太平洋戦争開戦時）、近衛師団長を歴任。45年、第14方面軍参謀長としてフィリピンで降伏。A級戦犯として逮捕され、極東国際軍事裁判で刑死。
　※※※　1891〜1945。東京出身。藤原氏嫡流の当主。公爵。37年、40年、41年に組閣。45年戦犯指名、12月16日自殺。なお近衛内閣嘱託の尾崎秀実（ほつみ）と、尾崎の紹介を受けたドイツ人記者リヒャルト・ゾルゲは諜報活動を行っていた（2人ともソ連のスパイとして44年に死刑）。
　※※※※　1888〜1966。佐賀県出身。陸軍中将。44年、第15軍司令官としてビルマ（ミャンマー）戦線で、補給を無視した無謀なインパール作戦を強行。

　中国では、9月に再び国民党と共産党が手を組んだ（第2次国共合作 ⇒第10章・第1節）。これは国民党経由でイギリス・アメリカからの支援（援蔣ルート）、共産党経由でソ連からの支援が可能となることを意味しており、こうして中国は戦争の長期化に備えることになった。一方、日本軍は12月に首都の南京を陥落させたが、補給が不十分であったことから略奪・暴行・殺害行為を行い、中国のみならず世界の国々から非難されることとなり、のちに「南京事件※」と呼ばれるようになった。

毛沢東と蔣介石
中国共産党主席の毛（左）と、中国国民党主席の蔣。

近衛文麿と第1次内閣の主要閣僚
（近衛首相の後ろから）米内光政海相、賀屋興宣（かやおきのり）蔵相、広田弘毅外相。

　国際社会から日本へ非難の声が高まる中、日本政府は強硬姿勢を打ち出していく。38年1月には「爾後国民政府を対手とせず」という声明（第1次近衛声明）を出して国民党政権を否定し、自ら解決の道を閉ざした。

　4月には、戦時統制をさらに強化するため、近衛は「国家総動員法」を成立させた。この法律は議会の承認を経ることなく、全ての労働力・物資・資本・言論に関する統制を政府に委ねることを意味していた。11月には日中戦争は日本を中心とした新秩序を東アジアに構築することにあるという東亜新秩序声明（第2次近衛声明）を出し、12月には善隣友好・共同防共・経済提携からなる「近衛三原則（第3次近衛声明）」を発表して国民党政府の分裂を画策するが、その後の汪兆銘※※政権樹立（40年）を除いては、近衛の思ったように事態が進展することはなかった。

　39年1月、近衛に代わって平沼騏一郎※※※が組閣した。この内閣では前内閣での懸案事項でもあり、ナチス・ドイツ、日本陸軍双方の要望でもあった日独伊防共協定の強化について取り組まなくてはならなかった。38年7月、張鼓峰事件（⇒第10章・第3節）での敗北によりソ連への脅威についての意見は一致していたが、五相会議（平沼首相、有田八郎外相、板垣征四郎陸相、米内光政海相、石渡荘太郎蔵相）では、対ソだけではなく対英米を含んだ同盟を締結すべきであるという板垣と、対ソに限定すべきであるという有田、米内、石渡の間で平行線をたどった。5月に入ると、ソ連との戦闘が再び起こった（ノモンハン事件 ⇒第10章・第3節）が、その最中、8月には独ソ不可侵条約が締結されてしまう。日本政府が想定していなかったこの条約締結により、それまでの国内の議論は水泡に帰し、平沼は「欧州の天地は複雑怪奇なる新情勢」との声明を出して内閣は総辞職に至った。

平沼騏一郎

　※　外務省によれば、＜日本政府としては、日本軍の南京入城（1937年）後、非戦闘員の殺害や略奪行為等があったことは否定できないと考えています。しかしながら、被害者の具体的な人数については諸説あり、政府としてどれが正しい数かを認定することは困難であると考えています。＞（外務省Webサイト「歴史問題Q&A」より,https://www.mofa.go.jp/mofaj/area/taisen/qa/index.html 2022年6月1日最終閲覧）

　※※　1883〜1944。広東省出身。字（あざな）は精衛。法政大留学中に、孫文が指導者の中国革命同盟会に加わる。対日抗戦を唱える蔣介石と対立し、日本の傀儡政権である南京政府主席となる。名古屋で病死。戦後、汪政権関係者は国民党政府により「漢奸」（裏切者）として裁かれた。

　※※※　1867〜1952。岡山県出身。検事総長・大審院長・枢密院議長などを歴任。第2次山本権兵衛内閣の法相で初入閣。首相退任後も、第2次・第3次近衛内閣に無任所国務相として入閣。国家主義団体「国本社」会長。戦後、A級戦犯指定、極東国際軍事裁判で終身禁固刑確定後獄中で病死。

　平沼の後は阿部信行※陸軍大将が組閣するが、わずか4カ月で辞職した。短命に終わった理由は、すでに7月に日米通商航海条約の破棄を通告され、暫定協定の締結に注力するもアメリカに拒否をされたこと、貿易省設置問題、物価統制失敗と失政が続き、政党はもとより出身の陸軍からも見放されたためである。続く海軍の米内光政※※大将による内閣は、親英米派的性格が陸軍に背かれ、陸相（畑俊六）辞任後に後継を陸軍から得られず、およそ半年で総辞職し、再び近衛に政権の座を譲ることになった。

第3節　南進論と日米交渉 —— 日独伊三国同盟、日ソ中立条約の中で

　1939（昭和14）年9月にドイツがポーランドに侵攻したことで第二次世界大戦が始まった。40年5月から6月にかけて、ドイツがベネルクス三国やフランスを屈服させると、イギリスへの本土上陸も秒読みであるという見方が日本でも広がっていった。

　こうした中、7月に第2次近衛内閣が発足し、日独伊の結束強化、ソ連との不可侵協定締結、東アジアにおけるイギリス・フランス・オランダそれぞれの植民地の東亜新秩序への編入（南進論）、国内新体制の確立などを基本的政策として掲げた。

　9月、北部仏印（「仏印」は「フランス領インドシナ」。現在のベトナム、ラオス、カンボジア）への進駐が始まった。さらに同月、日独伊三国同盟がベルリンで締結され、未だに参戦していない国（主にアメリカを想定）から攻撃を受けた際は互いに援助する内容となった。

　日本が「南進」を行うにあたっての懸念材料が、ソ連との関係である。第2節で述べたように、ソ連とはいくつかの戦闘が起きていたため、北方の安全確保が必要であった。さらには当時外相を務めていた松岡洋右※※※は、日独伊にソ連を加える四国同盟も視野に入れており、外交上、ソ連との提携が不可欠との認識が広がっていた。

　内政では、40年に近衛が唱えた「新体制運動」の結果として全ての政党が解散し、10月には大政翼賛会が発足した。戦時下の総選挙は、後述する東条（英機）内閣の下で行われるが（42年4月）、翼賛政治体制協議会の推薦を受けた候補者が多数当選した（翼賛選挙）。その数は非推薦候補者85名に対して381名に上ったため、この結果、議会は政府や軍部の提案の承認機関となってしまう。

　こうした背景から日本は、ソ連との間に41年4月、相互不可侵と、第三国から攻撃を受けた場合の中立維持を骨子とす

松岡洋右とヒトラー
1941年3月。前年、日独伊三国同盟を締結。外相として独伊を訪問。

※　1875〜1953。石川県出身。陸軍大将。要職を重ね、23年、関東大震災の際、関東戒厳司令部参謀長。宇垣（一成）閥に属し、浜口内閣では宇垣臨時代理の陸軍次官。首相退任後、44〜45年（廃止まで）朝鮮総督。戦後、戦犯指名されるが不起訴。

※※　1880〜1948。岩手県出身。海軍大将。日露戦争は駆逐艦「電」乗組みで、日本海海軍参戦。連合艦隊司令長官。林内閣の海相で初入閣。第1次近衛内閣、平沼内閣でも留任。陸軍が進める日独同盟には海軍幹部（山本五十六次官、井上成美事務局長）と共に反対するが失敗。首相退任後も、小磯・鈴木両内閣で海相。戦後、旧憲法下の幣原内閣で最後の海相。極東国際軍事裁判へは証人として出廷し、戦犯とはされていない。

※※※　1880〜1946。山口県出身。生家は長州藩士と交流のあった廻船問屋だが、没落。苦学して渡米。上海領事館、満鉄理事、寺内正毅首相・後藤新平外相の秘書官等を経て、33年、満州事変後の国際連盟特別総会（ジュネーブ）で首席代表（決議で満州国を否定され退場）。40年、第2次近衛内閣外相で初入閣。日独伊三国同盟、41年、日ソ中立条約を締結。極東国際軍事裁判でA級戦犯指定、46年6月27日、公判中獄中で病死。

る日ソ中立条約を締結した。すでに独ソの関係は変化しており、松岡が望んだ四国同盟の実現は困難だったが、長引く日中戦争や対米戦争を意識した条約締結であった。ソ連側も近い将来、ドイツとの戦争を想定し、ユーラシア大陸東部の安全確保のために必要な条約であったと言えよう。実際に2カ月後の6月、ドイツが独ソ不可侵条約を破ったことで（現在のバルト三国、ウクライナ、ベラルーシなど旧ソ連領とその後のロシア領への侵攻）、日本ではそれまで優勢であった南進論に加え、独ソ戦の状況次第では東からソ連に攻め入るという北進論が再浮上した。これにより7〜9月にかけ、関東軍は満州で大規模な演習（関東軍特種演習〔関特演〕）を実施した。

❖❖❖ 交渉の果ての宣戦布告 ── 「ハル=ノート」を拒絶

日米対立の深刻化は一層増すばかりであったが、三国同盟の締結や日ソ中立条約の締結で、松岡外相が留守の間に日米改善の動きが見られた。近衛は、1941（昭和16）年4月から駐米日本大使の野村吉三郎※を通じてアメリカの国務長官コーデル・ハルと戦争回避のための交渉を始めた（日米交渉）。この交渉の最中、6月に松岡を非難する文言があったことで松岡が強硬姿勢に出たため、近衛は松岡の更迭のために総辞職をして、7月に第3次近衛内閣を発足させ交渉を継続した。これはアメリカに対して交渉継続の意思を示したことを意味している。

日米最後の交渉
1941年11月。
（左から）野村吉三郎駐米大使、
ハル国務長官、来栖三郎特命大使。

しかし同時に、南部仏印への進駐を予定通り認めるという矛盾した行動に出た。これは40年、北部仏印へ進駐の際にアメリカの反発を招かなかったために、南部仏印進出も問題ないであろうという希望的観測に基づいたものであったと推測される。しかし、日本の行動にアメリカは態度を硬化させ、7月には同国内における日本資産の凍結、8月には石油の輸出禁止を決定した。その後、イギリス、オランダも追随することになり、対日経済封鎖の体制が完成した。

この措置は政府を驚愕させたが、軍部からは、このままでは物資不足によって戦争継続が滞るため、むしろ対米開戦に踏み切るべきだという意見が出てくる。8月末には近衛自身がフランクリン・ルーズベルト大統領との首脳会談を行い問題の解決を図るという奇策も用意したが、アメリカ側から拒否された。9月には帝国国策遂行要領案が定められ、10月上旬に改めて判断を行うことが、御前会議で決定された。結局、この時まで日米間で交渉の進展はなく、東条英機※※陸相が先の会議の決定に従って開戦を近衛に迫ったため、東条の主張と対立した近衛は10月16日に総辞職をしたのであった。

木戸幸一

※　1877〜1964。和歌山県出身。海軍大将。欧州諸国やアメリカの駐在武官勤務後、呉鎮守府、横須賀鎮守府司令長官を歴任。39年阿部内閣の外相を経て、40年から駐米大使。開戦後の42年帰国。戦後、日本ビクター社長、参議院議員（和歌山選挙区）。
※※　1884〜1948。東京出身。陸軍大将。36年、関東憲兵隊司令官、翌年、関東軍参謀長。第1次近衛内閣で陸軍次官（陸相は板垣）、第2次・第3次近衛内閣で陸相。41年組閣、内相、陸相を兼ね開戦。43年、支配地域の代表を東京に集め「大東亜会議」を主催、44年2月には参謀総長も兼職するが7月退任、内閣総辞職。敗戦後、GHQによる逮捕前に自殺未遂。極東国際軍事裁判でA級戦犯、48年12月、刑死。

近衛の後は東条が内閣を率いることになった。これは木戸幸一※内大臣が、東条ならば陸軍を抑えられる立場にあり、場合によっては方針の大転換を行うことができると見込んだ推薦と考えられている。木戸は9月の御前会議の決定にとらわれることなく、内外の情勢を踏まえて事を決せよという昭和天皇の意思を伝えたともされている。

東条英機と汪兆銘
1942年12月。開戦1周年記念式典での大日本帝国首相（58歳）と、南京政府主席（59歳）。（⇒第2節）

　対米開戦に陸海両軍とも前向きではなかった。対日経済封鎖網は完成しており、石油の備蓄に関して、現状ではどれほど節約しても軍備維持には不十分であったからである。ただ海軍としては、物量に優る米軍であっても2年あまり優勢を維持すれば、勝算はあるという見方を立てていた。

　11月、野村大使に加え、来栖三郎※※が特命大使として訪米し、条件付の中国からの撤兵など提示した。だがハル国務長官からは、南北仏印と中国からの即時撤兵、国民党政府（蔣介石政権）のみを中国の正統とすること、日独伊三国同盟無効などを示した覚書（ハル＝ノート）が提出された。これらの要求は満州事変以前の状態に戻ることを意味しており、到底、日本が受け入れることができる内容ではなかった。ハル＝ノートを最後通牒と認識した東条内閣は、12月1日の御前会議で正式に英米に対して宣戦布告をすることを決定した。

第4節　太平洋戦争の開始と終結 —— 欧米諸国を敵に回した代償

太平洋戦争
⇒第8章・第5節

真珠湾攻撃 1941年12月

アッツ島全滅
1943年5月。守備隊の壊滅（2千人以上死亡）は軍部は「玉砕」と公表。

インパール作戦撤退
1944年3～7月。ビルマ（ミャンマー）から連れ出された多数が、英軍に大敗、餓死を含め死傷者多数。

仏領インドシナ進駐
1940年9月（北部）
1941年7月（南部）

マレー半島侵攻
1941年12月

シンガポール占領
1942年2月

レイテ沖海戦
1944年10月。海軍に「武蔵」を含む戦艦3隻、空母4隻はじめ多くの艦船が沈没、1万人以上が亡くなり、連合艦隊が壊滅。陸軍はレイテ島の攻防（～45年8月）によって、多数の餓死者を含む7万人以上が死亡。

沖縄の戦い
1945年3～6月。一般住民10万人を含め、約20数万人が死亡。

ミッドウェー海戦
1942年6月。主力空母4隻と搭乗員数百名を失う大敗。

サイパン島陥落
1944年7月。民間人の自決を含む3万人以上が死亡。

ガダルカナル島撤退
1943年2月。戦病死者2万人以上、餓死者やマラリア感染者の死者も多数。

ニューギニアの戦い
1942年3月～45年8月。戦死者10万人以上。物資の補給を軽視した軍の判断から、多数が餓死。

　太平洋戦争※※※は、海軍が1941（昭和16）年12月8日にハワイの真珠湾（パールハーバー）を奇襲して始まった。同日、陸軍がイギリス領の香港・シンガポール・ビルマ（現ミャンマー）、オランダ領の東インド諸島（現インドネシア）、アメリカ自治領のフィリピンなどに侵攻し、日本はわずか半年で東南アジアと太平洋の一部を制圧した。

　しかし、42年6月のミッドウェー海戦以降、43年2月のガダルカナル島撤退、44年7月のサイパン島が陥落など、各方面で敗退が続いた。戦前の海軍の見立て通りアメリカの生産力に圧倒され始めたのである。

※　1889～1977。東京生まれ。父孝正は木戸孝允（桂小五郎）の実妹の子。農商務省、商工省勤務を経て内大臣府秘書官。第1次近衛内閣に文相で初入閣、東京五輪を返上。40年から45年まで内大臣として昭和天皇側近。極東国際軍事裁判ではA級戦犯、終身禁固刑。55年仮釈放。
※※　1886～1954。横浜市生まれ。駐ドイツ大使として、39年ベルリンで日独伊三国軍事同盟に調印。41年、特命全権大使として訪米、野村大使を補佐（本文にあるように、日米交渉を担当）。戦後、GHQによって公職追放とされた。戦後はアメリカ人。
※※※　戦時中、日本で公式に用いられたのは「大東亜戦争」（日中戦争を含む）。これは戦後、連合国軍最高司令官総司令部（GHQ）から避けるように指示され、同司令部の文書で使用された「太平洋戦争」が普及した。また、「アジア太平洋戦争」という呼び方も行われている。

原爆、そして無条件降伏 ──「ポツダム宣言」を受諾

あいつぐ敗退を受けて東条内閣は7月22日に総辞職し、代わって朝鮮総督だった小磯国昭※が内閣を率いることとなったが、戦況は悪化し、44年末からはアメリカ軍のB29戦略爆撃機による本土空襲が増え、被害は全国に広がっていった。中でも45年3月の東京大空襲は甚大で、被災者はおよそ100万人、死者はおよそ10万人と言われている。

鈴木貫太郎

45年4月、小磯に代わり、侍従長経験者として昭和天皇の信任が厚かった鈴木貫太郎※※が、戦争終結を目的として内閣を率いた。すでに43年9月にイタリアが降伏しており、45年5月にはドイツが降伏した。このため、鈴木内閣では本土決戦に向けて準備を進める一方、物資が窮乏し、限界が近づいている現状を考慮した和平への道が模索された。

東郷茂徳

6月22日の御前会議では鈴木、東郷茂徳※※※外相、阿南惟幾※※※※陸相、米内海相、梅津美治郎参謀総長(陸軍)、豊田副武軍令部総長(海軍)のみが招集され、ソ連を通じて終戦工作を行うことが決定され、秘密裡に交渉が進められた。だが、同年2月のヤルタ会談(ヤルタは黒海を臨むクリミア半島〔当時はソ連領〕の保養地)の密約に基づき対日参戦を決定していたソ連の最高指導者スターリンは、日本からの交渉を黙殺した。

阿南惟幾

7月26日にはイギリスのチャーチル、アメリカのトルーマン、スターリンがベルリン郊外のポツダムで首脳会談を開き(ソ連は対日参戦後に正式参加)、無条件降伏の勧告、降伏後の管理方針などを日本へ提示した(ポツダム宣言)。これに対し鈴木内閣は宣言の黙殺、戦争の完遂を発表したため、連合国側は降伏勧告の拒否と受け取った。

このためアメリカ軍によって8月6日、人類史上初の原子爆弾が広島に落とされ、およそ9~12万人もの命が一瞬で失われた。8日にはソ連が日ソ中立条約を破棄して宣戦布告を行い満州への侵攻を開始した。9日には史上2度目となる原子爆弾が長崎に投下され、およそ6~7万人の日本人が命を落とした。同日夜の御前会議の結果、天皇の地位保全を求める条件付きのポツダム宣言受諾を連合国に申し入れたが、回答が曖昧で、陸海両軍から徹底抗戦の主張が再浮上した。そこで14日に再度、御前会議が開かれ、天皇自らが無条件降伏を受け入れる決断を下し、主旨をレコード盤に録音してラジオ放送で全国民に告知すること(玉音放送)も決定した。多くの日本人が初めて聴く天皇の声により、日本の敗戦は国内外に伝わることになった。 [半田英俊]

※ 1880~1950。栃木県出身。陸軍大将。軍務局長、犬養内閣で陸軍次官(陸相は荒木)、朝鮮軍司令官を経て、平沼・米内両内閣の拓務相、朝鮮総督を歴任。戦後、極東国際軍事裁判でA級戦犯、終身禁固刑となるも、服役中病没。

※※ 1868~1948。現在の大阪府堺市出身。海軍大将。日露戦争では装甲巡洋艦「春日」副長で参戦、連合艦隊司令長官、軍令部長を歴任。29年侍従長となり、36年「二・二六事件」で重傷を負い退任。45年首相。8月15日、終戦を妨害する軍人らに再び襲撃されるも避難。

※※※ 1882~1950。鹿児島県出身。駐ドイツ、駐ソ連大使を経て東条内閣の外相で初入閣、拓相兼任。鈴木内閣で外相(つまり開戦時と終戦時の外相)。戦後、極東国際軍事裁判でA級戦犯、禁固20年で受刑するも病死。娘婿・東郷文彦は駐米大使、孫・和彦も外交官。

※※※※ 1887~1945。大分県出身(出生地は東京)。陸軍大将。参謀本部員、陸軍省兵務局長などを経て第109師団長として中国出征。第11軍司令官(中国南部)、第2方面軍司令官(オランダ領東インド東部)を歴任、鈴木内閣で陸相。本土決戦を主張するも昭和天皇の決断を受け入れ、8月15日自殺。

第**12**章

占領から講和へ

1945年3月10日の米軍機による激しい爆撃（東京大空襲）直後の都内。右の川は隅田川。

🔖 本章のキーワード 🔖

☐ GHQ	☐ 冷戦
☐ マッカーサー	☐ 朝鮮戦争
☐ 東京裁判	☐ 鳩山一郎
☐ 公職追放	☐ 保守合同
☐ 吉田茂	☐ 55年体制

第1節 灰燼（かいじん）からの出発 ── GHQによる大改革

　第二次世界大戦で日本は、民間人を含め310万人を超える犠牲者を出した。経済的損失も大きく、日本中が焼け野原となった。まさに「国破れて山河在り」であった。

　1945（昭和20）年8月15日正午、昭和天皇の「終戦の詔勅（しょうちょく）」がラジオを通じて放送された（玉音放送（ぎょくおん））。翌日、昭和天皇の配偶者・香淳皇后（こうじゅん）の叔父（皇后の父・久邇宮邦彦王（くにのみやくによしおう）の弟）に当たる東久邇宮稔彦王（ひがしくにのみやなるひこおう）に大命降下（たいめい）、最初で最後の「皇族首相」となる。「国家非常の秋（とき）」が彼の権威を必要としたのである。

　東久邇宮内閣は、54日間の短命政権ではあったものの、心配された反乱将兵の決起もなく、わずか半月にして安定的にマッカーサー（D. McArthur）率いるGHQ（連合国軍最高司令官総司令部※）の進駐を完了させ、9月2日、東京湾に浮かぶ米戦艦ミズーリ号艦上での降伏文書の調印式に漕ぎ着けた。マッカーサーはスピーチで「自由と寛容と正義」による世界平和の実現を訴え、終戦を宣言した。

　アメリカでは当初、昭和天皇を「戦争犯罪人」として裁くべきとの意見が圧倒的だった。そんな中、27日、昭和天皇とマッカーサーによる会見が駐日アメリカ大使館公邸にて開かれた。会見は約37分間だった。その内容は明らかにはなっていないが、戦争責任の全てを負うとの昭和天皇の言葉に、マッカーサーは魂を揺さぶられるほどの感動を覚えたと述懐している。

※ 正式名称は「General Headquarters, the Supreme Commander for the Allied Powers」だが、日本国内では「総司令部」を意味する「General Headquarters」を基に、総司令部と駐留軍（主力は米軍）、関連する組織全体を「GHQ」と呼びならわした。

90

こうして、いよいよGHQによる日本の占領支配が始まった。総司令官マッカーサーは「青い目の大君」と呼ばれるほどの絶大な権能を有した。10月4日、GHQはいわゆる「人権指令※」を発し、治安維持法（⇒第9章・第3節）を始めとする15の法令の廃止（内務省の解体を含む）、政治犯の即時保釈、11日にはマッカーサーから東久邇宮の後継である首相の幣原喜重郎（10月9日組閣）に対し、婦人解放、労働組合の結成奨励、学校教育の自由化、秘密審問司法制度の廃止、経済の民主化を求める5項目の改革指令を出した。続いて、三井・三菱・住友・安田といった財閥解体、農地改革に神道指令と、矢継ぎ早に日本の民主化と非軍事化を推し進めた。

マッカーサーと昭和天皇

1945年9月27日、昭和天皇（1901〜89）は、マッカーサー元帥（1880〜1964）を駐日米国大使館に訪問。正装で直立の天皇に対し、略式軍服でラフな姿勢の元帥のこの写真が新聞に掲載されると、当時の日本国民は衝撃を受けたという。

併せてマッカーサーは、大日本帝国憲法に代わる新たな憲法を「マッカーサー・ノート」に従って設けるよう指示を出す。そこには天皇護持、戦争放棄、封建制度廃止の3項目が記されてあった。日本政府は、国務大臣・松本烝治（東大教授、商法学者。第2次山本内閣の法制局長官）を委員長とする憲法問題調査委員会を設置し、憲法案を作成した。しかし、マッカーサーは、大日本帝国憲法の内容を踏襲する憲法案は受け入れられないとして、結果、GHQの中枢部局であるGS※※のスタッフ25人が、わずか1週間足らずで別の憲法案を起草した。その後、日本側との間で修正作業が行われるも、根幹は変わることなく、帝国議会を通過し、46（昭和21）年11月3日、日本国憲法が公布、翌47年5月3日に施行された。

❖❖❖ 新憲法下の変革と東京裁判の執行

主権在民を明確化し、天皇は≪日本国の象徴であり日本国民統合の象徴≫（憲法第1条）となり、戦力不保持、基本的人権に関する規定が設けられ、貴族院は民選による参議院に改められた。このうち、戦力不保持に関しては、帝国議会における審議中に、衆議院憲法改正案特別委員会の委員長・芦田均（外務省出身、幣原内閣の厚相で初入閣 ⇒第4節）による一部修正の結果、「自衛戦争」であれば、戦力保持が可能であると解釈できる内容となった（「芦田修正」）。新憲法の施行に伴い、さまざまな法令・制度の改廃、制定の新設も行われた。例えば貴族院の廃止により華族制度がなくなり、刑法の不敬罪を削除、民法にあった家制度や戸主（家長）、家督相続も廃止された。

こうした制度改革と並行して、連合国は第二次世界大戦の「戦争犯罪人」を放逐すべく、1946（昭和21）年1月19日発効の「極東国際軍事裁判所条例」に基づき、「東京裁判（極東国際軍事裁判）」なる軍事裁判を実施した。その年の5月に旧陸軍省大講堂で開廷、以降、2年半にわたって裁判が続けられた。「法律なければ犯罪なし、法律な

※　正式名称は「政治的、公民的及ビ宗教的自由ニ対スル制限ノ撤廃ニ関スル覚書」（Removal of Restrictions on Political, Civil, and Religious Liberties）。
※※　「Government Section」の略。「民政局」と訳される。職業軍人のほか、ルーズベルト大統領のニューディール政策を推進した行政官や大学研究者たちも加わっていた。

ければ刑罰なし」というのが法治社会の基本原則であるが、この条例は日本を裁くために急ごしらえで作られた「事後法」であった。

東京裁判法廷の被告たち
A級戦犯7名の処刑は、1948年12月23日（巣鴨プリズン）。一方、裁判所が置かれた旧陸軍省大講堂の建物は現在、防衛省市ヶ谷庁舎内で再建されている。

「戦争犯罪人」のうち公判中の病気による免訴や死亡を除く25人がA級戦犯（「平和ニ対スル罪」）とされ、その中で、板垣征四郎（元陸相 ⇒第10章・第3節）、木村兵太郎（元ビルマ方面軍司令官）、土肥原賢二（元奉天特務機関長）、東条英機（元首相 ⇒第11章・第3節）、武藤章（元陸軍省軍務局長 ⇒第11章・第1節）、松井石根（元中支那方面軍司令官）、広田弘毅（元首相 ⇒第11章・第1節）の7人は、収容先の巣鴨プリズン（巣鴨拘置所。所在地は現在の池袋サンシャインシティ）で絞首刑となった※。

一方、B級戦犯（「通例ノ戦争犯罪」）、C級戦犯（「人道ニ対スル罪」）は、グアム、上海、シンガポール、ラバウル、マニラといった世界49の軍事法廷で裁かれ、約5,700人の被告のうち、920人が死刑に処された。証拠もなく逮捕され、本人に弁明の機会すら与えらず処刑されるというケースもあった。杜撰極まりない裁判であった。

第2節　多党化現象

その頃、戦時中の「翼賛政治」体制形成の流れの中で解散・統合した政党の再結成に向けた動きが加速した。まず、1945（昭和20）年11月2日、旧社会民衆党系（右派）の片山哲、西尾末広、水谷長三郎、旧日本労農党系（中間派）の河上丈太郎、河野密、浅沼稲次郎（⇒第13章・第3節）、さらにマルキシズムに立脚した旧日本無産党系（左派）の加藤勘十、鈴木茂三郎、黒田寿男まで巻き込んで社会主義政党・日本社会党が旗揚げされる。

一方、保守勢力も祖国再建を目指し、日本社会党発足から1週間後、鳩山一郎や芦田均、河野一郎といった旧立憲政友会系に、三木武吉（⇒第4節）を始めとする旧立憲民政党系も加わり、日本自由党を結成した。

さらに、これに触発されてか旧政友会系の前田米蔵、旧民政党系の町田忠治を中核に、日本自由党に対抗すべく日本進歩党が、続いて、この日本自由党と日本進歩党の中間を行く日本協同党が発足した。これと前後して、戦前は非合法とされてきた日本共産党も、徳田球一を中心に立て直しを図り、合法政党として政治活動を再開させた。

12月18日、衆議院が解散、翌46年1月下旬を目途に大日本帝国憲法の下で最後となる衆議院議員選挙が行われることとなった。ところが、解散の翌日、GHQは選挙延期の指示を出す。表向きは男女平等を柱とする衆議院議員選挙法改正の検討のためとされたが、実際は、この後に出される公職追放の準備を進めていたことが、その理由

※　同じ敗戦国ドイツでも、1945年11月〜46年10月にニュルンベルク（ドイツ南部、ナチス党大会の開催地）で軍事裁判が開かれ、軍人・政治家ら24名の最高幹部が裁かれた。死刑に処されたのは（執行前日に自殺した空軍最高司令官ゲーリングを除く）10名。

であった。結局、選挙は4月10日となった。

GHQは、「公職追放※」を実施、該当者は約21万6,000人に及んだ。これにより、日本共産党以外の既成政党は大打撃を受けることとなる。

中でも前回の「翼賛選挙」において戦争遂行を支持する翼賛政治体制協議会の推薦を受けて当選した「翼賛議員」を多く抱える日本進歩党は壊滅状態に陥った。選挙結果は、過半数には達しなかったものの鳩山の日本自由党が第1党となり、同じ保守系の日本進歩党と連立政権を

初の女性議員たち
1946年4月10日、戦後初、また旧憲法下の帝国議会としては最後の衆議院議員選挙(第22回総選挙)では、GHQの指示を受けて女性の国政参加が認められ、79名の女性候補者のうち39名が当選(議席総数は468)。なお、投票率は男性78.52%、女性66.97%。有権者数は男性16,320,752人、女性20,557,668人。

組むことになった。ところが、大命降下の連絡を待っていた鳩山のところに、GHQから公職追放の指令が届く。リーダーを失った日本自由党は、幣原内閣の外務大臣で貴族院議員の吉田茂(⇒第4節)を鳩山の後継者としてスカウトし、5月22日、日本進歩党との連立政権による第1次吉田内閣を発足させた。

❖❖❖ 短命の社会党内閣、復権果たす吉田内閣

1947(昭和22)年3月、吉田はGHQの意向を受け衆議院を解散し、新憲法施行を前に、衆議院議員選挙と初の参議院議員選挙が行われることとなった。選挙戦に向けた動きが活発化する中、日本協同党は日本民主党、日本農本党との合同により協同民主党、次いで国民党と合併して国民協同党を結成、さらに吉田の政権運営に不満を持つ芦田が日本自由党を離れ、日本進歩党との合同で民主党を旗揚げした。

選挙結果は大方の予想に反して、日本社会党が大躍進を果たし、5月、委員長の片山を首班に民主党、国民協同党を含めた連立政権を発足させた。だが、寄り合い所帯故、その政権運営は困難を極めた。社会主義的目玉政策だった石炭増産と炭鉱の国有化を目指す炭鉱国家管理法案は民主党の反発で骨抜きとなり、さらに日本社会党内における右派の内輪揉めと「党内野党」と化した左派の造反により9カ月で瓦解した。

片山哲(1887〜1978)

これを受け、48年3月、同じく3党による連立政権を踏襲する形で民主党の芦田を首班とする「政権たらい回し」の保革連立政権が誕生した。発足に当たって「中道政治」を目指すことを明らかにした芦田内閣だったが、副総理の西尾による政治献金問題に加え、昭和電工事件(昭電疑獄)※※という未曾有のスキャンダルに見舞われ、約半年にして退陣を余儀なくされてしまう。

芦田均(1887〜1959)

※ 1946年1月4日発令。「好ましくない人物の公職よりの除去に関する覚書」(Removal and Exclusion of Undesirable Personnel from Public Office)として、戦争犯罪人、陸海軍軍人、超国家主義者、大政翼賛会指導者、海外金融・開発機関の役員、占領地の行政長官、その他の軍国主義者や極端な国家主義者、以上の7項目の該当者を公職から罷免、排除を命じた。
※※ 1948年6月発覚した、化学肥料メーカー昭和電工による大規模な贈収賄事件。背景には、食糧増産を目的に肥料供給を推進した政策と融資計画、政官関係者と利権を求めた企業の癒着があり、収賄疑惑はGHQにも及んだ。ただし、昭和社長日野原節三、経済安定本部長栗栖赳夫は有罪となったが、首相の芦田を含め40人に及んだ政治家の逮捕者は(栗栖を除き)全員無罪で結審。

　後継内閣は、民主党からの脱党組と日本自由党が合流して結成された第1党たる民主自由党の総裁・吉田が引き継ぐこととなった。この間、日本の占領政策の中心を担うGSが吉田再登板を阻止しようと、民自党幹事長の山崎猛を担いで民自党内の反吉田派と日本社会党、民主党、国民協同党による連立政権を作ろうと画策するも失敗に終わり（山崎首班工作事件※）、第二次吉田内閣発足と相成った。

　返り咲きを果たした吉田は12月に衆議院を解散、翌49年1月に行われた新憲法施行後初となる衆議院議員選挙では、民主自由党が過半数を制した。それに対し、日本社会党は大敗、民主党も議席を減らした。吉田は保守勢力の結集を図るべく、民主党との連立政権に踏み切り、2月、第3次吉田内閣の成立を見た。

　しかし、民主党内では野党派と連立派による対立が生じ、連立派は50年3月に民自党と合流して自由党を、野党派は4月に国民協同党と合併し国民民主党となった。

　一方、日本社会党は、その年の1月に左派と右派の対立激化で分裂、わずか2カ月半後に統一を果たすも、その後も内紛が絶えなかった。「日本社会党」ならぬ「二本社会党」と揶揄された所以である。

第3節　冷戦の時代 —— 米ソ対立の中の日本

　この頃、国際社会は次第に緊張の度合いを強めていった。その後、およそ40年間にも及ぶアメリカを盟主する西側陣営とソ連（ソヴィエト社会主義共和国連邦）を盟主とする東側陣営による「冷戦」（Cold War）が本格化し始めたのである。

　中国大陸では1946（昭和21）年6月、蔣介石率いる中国国民党軍（国民革命軍）と毛沢東率いる中国共産党軍（紅軍）との間で「国共内戦」が勃発した。この戦いは約3年半にわたって繰り広げられ、最終的に共産党軍が勝利し、49年10月1日、中国大陸の北京を首都とする「中華人民共和国」の建国を宣言した。一方、敗北を喫した国民党軍は台湾に逃れ、これまで中国大陸を支配してきた中華民国を移設、台北を「臨時首都」とし、中国大陸の奪還を目指して「大陸反攻」を掲げた。

　北緯38度線を挟んで南部をアメリカ、北部をソ連が分割統治していた朝鮮半島も、一触即発の状況にあった。48年8月にアメリカの庇護で南部に「大韓民国」が建国、これに対抗して9月、ソ連は北部に「朝鮮民主主義人民共和国」（北朝鮮）をつくり、アメリカとソ連、それぞれを後ろ盾にした韓国と北朝鮮による対峙が続き、ついに50年6月25日、北朝鮮軍の怒濤の進撃により朝鮮戦争が始まる。

　ソ連のバックアップで北朝鮮軍は瞬く間にソウルを陥落させ、韓国軍は釜山近郊に

　※　山崎猛（1886〜1957）は、立憲政友会出身のベテラン議員、旧憲法下における最後の衆議院議長。なお、事件の背景には、吉田と関係の良かったGHQ参謀本部第2部（G2、諜報活動等を担当）と、GS（民政局）との主導権争いがあった。また山崎は、党の分裂を恐れた実力者たちの説得で首班指名を諦め議員を辞職したが、翌年の総選挙で復活当選し、第3次吉田内閣で運輸相を務めた。

まで追い込まれた。それに対し、アメリカを中心とする国連軍が参戦、北朝鮮軍を鴨緑江（おうりょくこう）にまで押し戻した。すると今度は、中国が朝鮮半島に派兵して、朝鮮戦争は東西双方の陣営による代理戦争と化し、一進一退の攻防が繰り広げられた。やがて、その死傷密度は近代戦争においても稀（まれ）に見る高さとなり、53年7月、北緯38度線付近の板門店（はんもんてん／パンムンジョム）において休戦協定が結ばれた。

❖･∵ サンフランシスコ講和条約・日米安全保障保条約の調印

こうした流れの中で、アメリカは日本を「反共の砦（とりで）」として捉えるようになっていった。当時、日本には四個師団※から成る米軍が駐留していた。その大半が朝鮮戦争に投入されたことで、空白を埋めるべく、国内警備の強化を理由にGHQが7万5,000人の「ナショナル・ポリス・リザーブ（National Police Reserve）」創設と海上保安庁定員の8,000人増員を指示した。これを受け、政府は警察予備隊を発足させる（自衛隊の前身）。日本の非軍事化を進めてきたGHQの政策変更であった。ただしそれは、≪陸海空軍その他の戦力は、これを保持しない≫という憲法第9条第2項の規定から「戦力なき軍隊」という扱いとなった※※。

苛烈極まる朝鮮戦争を通じてアメリカは、日本の占領支配を早期に終結させ、日本を西側陣営の一員にすべく、講和に向けた準備を加速させた。日本では、西側諸国だけとの「多数講和」か、東側陣営をも含めた「全面講和」かで国論が割れるが、吉田茂は迷うことなく多数講和に踏み切った。

1951（昭和26）年9月、アメリカのサンフランシスコにて講和会議が開催され、52カ国代表が参加した。だが、インド、ビルマ、ユーゴスラビアの3カ国、それに中華人民共和国か中華民国かで代表が決まらない「中国」は不参加、アメリカ主導の講和に不満を持つソ連、ポーランド、チェコスロバキアは調印を拒否し、日本は連合国48ヵ国との間で講和条約を締結した。同時に日本は、日米安全保障（日米安保（あんぽ））条約にも調印した。これにより今日までの日米同盟関係の基礎が築かれた。

こうして、それぞれの国において批准されれば、日本は国際社会の仲間入りを果たし、GHQの占領支配からの独立が確定することになった。批准に際して、国会では自由党と国民民主党が講和条約・日米安保条約に賛成、日本社会党は日米安保条約には反対だが、講和条約に関しては左派と右派で意見が割れ、その年の10月、ついに分裂した。

この間、鳩山一郎を始めとする面々の公職追放が解除されると、保守勢力の権力闘争も激化していった。鳩山は公職追放に際し、吉田に日本自由党を一時的に預けたつもりが、戻ってみると日本自由党の後継政党たる自由党は完全

安保条約に署名する吉田茂
1951年9月8日、サンフランシスコ講和条約の署名には吉田を含む全権団（池田勇人蔵相ら6名）全員が署名したが、安保条約では吉田のみが、同日署名。

※「師団」は、陸軍が作戦を展開する基本単位。主力となる複数の歩兵連隊のほか、砲兵・工兵などの伝統的な兵科の大・中隊、および第二次大戦で急拡大した戦車大隊などを含む。朝鮮戦争開始時の米陸軍の編制では、一個師団で1万7000人以上を擁していた。
※※ 1952年に警察予備隊は「保安隊」に改組。さらに54年7月には防衛庁（現・防衛省）が設置され、保安隊は「自衛隊」に改組された。当初、陸上自衛隊は約13万9000人、海上自衛隊は約1万6000人、航空自衛隊は約6700人で発足。

に吉田カラーに塗り変えられていた。鳩山の吉田への疑心暗鬼は増幅する一方で、やがて、吉田系と鳩山系の対立が鮮明になっていった。52（昭和27）年 2 月、国民民主党が解散し、大麻唯男や松村謙三による新政クラブ、さらに農民協同党も加わり、吉田率いる自由党に対抗すべく、重光葵（⇒第13章・第1節）を総裁に改進党が結成されると、鳩山は、これに急接近していく。

第4節 「55年体制」のスタート

　1952（昭和27）年 4 月28日に講和条約が発効、それを花道に吉田茂の引退がささやかれるようになっていった。自由党における吉田系と鳩山一郎系との攻防は激しさを増すばかりであった。そんな中、吉田は批判を強める鳩山系を牽制しようと、8 月末、「抜き打ち解散」に打って出た。鳩山系の怒りは頂点に達し、自由党は吉田系と鳩山系とに別れて選挙戦に臨むこととなった。選挙結果は、自由党がかろうじて過半数を獲得するも、後遺症として鳩山系が「党内野党」として民主化同盟を旗揚げし、吉田を揺さぶった。
　その後も吉田は自由党内の紛擾に右往左往、野党陣営の攻勢にも悩まされた。53年 3 月14日、吉田は再び"伝家の宝刀"（解散権）を抜き、世に言う「バカヤロー解散」となる。解散と同時に鳩山は吉田と決別し、分党派自由党を結成した。分党派自由党は自分たちこそ本流であるとして同じ「自由党」を名乗るが、一般には「吉田自由党」と区別するため「鳩山自由党」と呼ばれた。選挙結果は、吉田自由党が大きく後退、鳩山自由党も改進党も振るわなかったが、その一方で革新勢力は好調だった。吉田自由党は過半数割れの中で、第 5 次吉田内閣を発足させた。その後、鳩山は自由党に復党、三木武吉を始め鳩山側近 8 人は戻ることなく「日本自由党」を新たに結成した。
　しかし、吉田ワンマン体制は断末魔を迎えつつあった。54年正月明けから造船疑獄事件※の摘発が始まり、吉田は急速に求心力を失っていった。11月24日には自由党の鳩山系、改進党、日本自由党が糾合し、鳩山を総裁、岸信介を幹事長に「日本民主党」が発足する。これは吉田にとって致命的打撃となった。ついに日本民主党を筆頭に日本社会党の右派、左派が協力して内閣不信任決議案を提出、吉田は衆議院を解散しようとするもかなわず総辞職し、トップの椅子から降りることとなった。
　鳩山が首班指名を受けたのは12月 9 日のことだった。吉田の総辞職後、依然として第 1 党にあった自由党は、総裁となった緒方竹虎を首相にすべく工作を行ったが、吉田亜流を嫌った日本社会党の左派と右派は、日本民主党との間で、休会明け早々に衆議院を解散することを申し合わせ鳩山に投票し、翌日、第 1 次鳩山内閣が発足した。

緒方竹虎（1888～1956）

　※ 1953～54年。政府の造船融資割当の利子軽減を求める海運業・造船業と、政官界との大規模な贈収賄事件。敗戦後の商船不足と造船政策が背景にある。10社以上の造船・海運会社が捜索され、70名以上が逮捕（起訴はその半数以下）。自由党幹事長・佐藤栄作への逮捕請求を吉田内閣の法相・犬養健（たける：毅（つよし）の実子）が「指揮権」を発動して中止させたことでも知られる。
　※※ 予算委員会における社会党右派・西村栄一からの質疑に対し、吉田が「バカヤロー」と発言したことに由来。これをきっかけに内閣不信任案が提出され、与党自由党内からも不信任案賛成者が出たため、吉田は衆議院を解散した。

鳩山は約束通り、55年1月、衆議院を解散した。かつて、首相ポスト目前にして公職追放の憂き目に遭い、5年間もの雌伏の時を過ごし、しかも、公職追放が解除される寸前に脳溢血で倒れた鳩山に対する判官贔屓から、選挙戦では「鳩山ブーム」が起こった。

鳩山は宿命のライバル・吉田に対抗して憲法改正による再軍備、日ソ国交回復による対米一辺倒からの脱却を掲げた。ところが、2月の選挙結果は第1党になったとはいえ、日本民主党にとって

吉田茂と鳩山一郎

吉田（1878～1967）は、外交官出身。戦前に駐英大使などを歴任。東久邇宮内閣、幣原内閣で外相、1946年第1次内閣。以後（社会党内閣などを除き）、5次にわたり内閣を組織。
鳩山（1883～1959）弁護士出身。戦前は立憲政友会に属し、犬養内閣で文相（在任中、滝川幸辰事件が発生）。戦後、日本自由党を結成。1954年第1次内閣。以後、3次にわたり内閣を組織。

は決して芳しいものではなかった。逆に、日本社会党、特に左派は大きく議席を伸ばし、右派との再統一に向けて動き出そうとしていた。

❖❖❖ 日本民主党＋自由党＝「自由民主党」の誕生

選挙後、第2次鳩山内閣が成立した。だが、過半数を上回る野党勢力の存在は、日本民主党単独の国会運営を困難なものした。こうした状況を打破するためにも同じ保守政党である自由党との「保守合同」は焦眉の急であった。紆余曲折が続く中、最後の最後に大勝負に打って出たのが日本民主党総務会長の三木武吉※だった。

三木武吉（1884～1956）

三木は自由党との合併のため、長年の政敵である自由党総務会長の大野伴睦※※に直談判し、声涙倶に下る熱弁で保守合同を迫った。三木の覚悟に心を奪われた大野は、これを了とし、2人の会見から半年後の1955（昭和30）年11月15日、戦後最大の単一自由民主主義政党・自由民主党（自民党）が結成される。

大野伴睦（1890～1964）

保守合同に向けた協議の中で最も難航した総裁人事問題に関しては、当面の間、総裁代行委員制を布くことで決着し、旧日本民主党から鳩山一郎、三木武吉、自由党から緒方竹虎、大野伴睦が総裁代行委員に就いた。自民党結成の1カ月前には日本社会党が再統一を果たした。ここから保守・革新の2大政党時代、いわゆる「55年体制」がスタートしたのであった。

［丹羽文生］

※ 香川県出身。1917年衆議院議員初当選。憲政会・立憲民政党で、加藤高明・浜口雄幸に重用される。その後、日本自由党など通算11回当選。閣僚経験は皆無だったが、党人政治家（官僚・軍人などの出身者ではない政党員議員）の重鎮。自民党結成の翌年死去。
※※ 岐阜県出身。1930年衆議院議員初当選、戦後まで通算13回当選。当初は立憲政友会、戦後は日本自由党（幹事長）。衆議院議長を経て第5次吉田内閣で北海道開発庁長官。自民党結成後は鳩山総裁のもと副総裁。派閥を形成、総裁を目指すも届かなかった。

第13章

高度成長の時代

1955年11月15日、東京神田の中央大学講堂で行われた自由民主党結成大会。

党名 自由民主

本章のキーワード

- □ 日ソ国交回復
- □「2、3位連合」
- □「石橋書簡」
- □ 日米安保条約改定
- □ 高度経済成長
- □ 東京オリンピック
- □ 日韓基本条約
- □ 公害問題
- □ 沖縄返還
- □ 日中国交正常化

第1節 草創期の自民党

　1955（昭和30）年11月15日の保守合同に伴い、間もなく第3次鳩山一郎内閣が成立、翌56年4月には初代総裁を決める自由民主党（自民党）臨時党大会が開かれた。当初、旧日本民主党系は鳩山を、旧自由党系は緒方竹虎（⇒第12章・第4節）を初代総裁に推した。ところが、1月28日、その緒方が急性心臓衰弱のため急逝し、対抗馬がいなくなったため、鳩山が圧倒的多数の支持を得て初代総裁に選ばれた。

　鳩山にとっての最重要課題は日ソ国交回復の実現であった。日本は51（昭和26）年9月に連合国48カ国と講和条約を締結するも、調印を拒否したソ連（ソヴィエト社会主義共和国連邦）とは「戦争状態終結未確認」の状況にあった。翌年4月の講和条約の発効を経て、6月、日本は国際連合（国連）への加盟を申請した。ところが、ソ連の拒否権発動により否決されてしまう。国連加盟にはソ連の承認、日ソ国交回復が必須であった。当時、日ソ間には、シベリアにおける日本人抑留者の帰還問題、不法占拠された北方領土の返還問題と、難儀な懸案事項が数多く横たわっていた。

　そこで、56年10月、鳩山は自らモスクワに乗り込んだ。先方は破格の厚遇で迎えた。クレムリン※内のエレベーターも脳溢血の後遺症により左半身が不自由な鳩山のために特別に設けられたものだった。協議は難航を極めも、粘り強い交渉の末、北方領土の返還問題は棚上げにしたまま何とか「日ソ共同宣言」の調印に至る。

※ モスクワ中心部に帝政ロシア時代から続く宮殿に由来。旧ソ連時代には共産党の最高会議と幹部組織などが置かれたことで、ソ連政府の代名詞となる。現在はロシア連邦の大統領府が設置。元々は広く「城塞」を意味するロシア語に基づく。

これにより、ソ連との戦争状態は終結、日本は晴れて80番目の加盟国として国連加盟を果たし、国際社会の一員に迎えられた。加盟受諾に際してスピーチに立った外務大臣の重光葵（45年、東久邇宮内閣外相として降伏文書にも調印）は、「日本はある意味において東西のかけ橋となり得るのであります」と述べ、万雷の拍手を浴びた。さらにソ連は、有罪判決を受けたシベリアの日本人抑留者を全員保釈、56年末、彼らを乗せた引き揚げ船「興安丸」が舞鶴港※に入り、無事に祖国の土を踏んだ。政治生命を賭けた日ソ国交回復を果たした鳩山は、帰国後、退陣を表明し、12月23日、第3次鳩山内閣は総辞職した。

重光葵（1887～1957）

　鳩山の退陣を前に自民党では初の本格的総裁公選に向けた権力争いが激化していた。この頃、自民党内には"七個師団三連隊"と称される派閥が形成されつつあった。旧日本民主党系が石橋湛山※※派、河野一郎派、岸信介派、旧自由党系が石井光次郎派、大野伴睦派、吉田茂派（池田勇人系、佐藤栄作系）、さらに旧改進党系としては松村謙三・三木武夫派、芦田均派、北村徳太郎派、大麻唯男派で、このうち、芦田、北村、大麻のグループは規模としては「連隊」クラスで、残りの7つが「師団」と見做された。

　鳩山後継に名乗りを上げたのは、石井、石橋、岸の3人だった。石井派と池田系は石井を、石橋派、大野派、松村・三木派、芦田派、北村派は石橋を、岸派、河野派、佐藤系、大麻派は岸を支援し、水面下で多数派工作を進めていた。選挙戦では莫大な資金とポストの空手形が飛び交ったと言われている。当初は岸が優勢だった。これに対抗して石井と石橋は「2、3位連合」の密約を交わし戦いに挑んだ。結果、24日の総裁公選では、1回目の投票で岸がトップ、石橋、石井の順だったが、いずれも過半数に達しなかったため上位2人の決選投票となり、「2、3位連合」を組んだ石橋が僅差で逆転勝利を収めた。

❖❖❖ 石橋内閣から岸内閣へ

　こうして23日、石橋内閣が発足した。だが、しばらくして石橋に悲劇が襲う。年が明けて1957（昭和32）年1月、かぜによる肺炎に加え、軽い脳梗塞まで併発したのである。自らの抱負を国民に訴えるべく全国遊説に回り、新年度予算案の編成に取り組み、肉体的にも精神的にも疲労が溜まっていた。自らの限界を悟った石橋は、外務大臣の岸を直ちに首相臨時代理に充てた。

　しかし、石橋の病状は、なかなか快方に向かわなかった。精密検査の結果、2カ月間の絶対安静を要すると診断が出たため総辞職を決断、《私の政治的良心に従いましてまた万一にも政局の不安が私の長期欠席のため生ずる事がありましてはこれは全く不本意とするところであります》と記された、いわゆる「石橋書簡」を発表し退陣した。

石橋湛山（1884～1973）

※ 京都府北西部、日本海に面する良港で明治後期に海軍が軍港化。第二次大戦後は、旧満洲（現・中国東北部）、朝鮮半島、シベリアからの引揚者と復員兵が最初に帰国する港となる。1945年10月の「雲仙丸」入港から58年9月の最終引揚船「白山丸」入港まで国内の港で最長、13年間にわたって約66万人を迎え入れた。

※※ 東京出身。東洋経済新報社長。1947年衆議院議員選挙初当選。第1次吉田内閣で蔵相、鳩山内閣で通産相。首相辞任後は中ソ交流に貢献。

　当時、この石橋書簡は、当代随一のジャーナリストでもあった石橋の面目躍如たる名文として話題を呼んだ。日本社会党委員長の浅沼稲次郎も「その態度はりっぱであります。ある意味においては、辞職をもって国会の正常化と政党のあり方を説いたと言っても過言ではありません」と述べ、その潔さに拍手を送った。在任期間はわずか65日間であった。

　石橋の病気辞任の後を受け自民党は、つい2カ月前に石橋と激しい権力争いを演じた岸を後継とすることとし、総辞職2日後の2月25日、第1次岸内閣が成立した。岸にとっては「青天の霹靂」であった。

1941年10月、東条英機内閣の商工相として、初入閣。

48年12月、3年間の巣鴨プリズンでの獄中生活を終え、実弟・佐藤栄作（第2次吉田内閣官房長官）から労われる。

56年12月、石橋内閣の外相として入閣。

57年2月、首相第1次岸内閣。向かって左はこの3カ月前に「2、3位連合」を組み、石橋と総裁戦を争った石井光次郎。石井は副総理（無任所大臣）。

岸信介の変遷
岸（1896～1987）は戦前、農商務（商工）省官僚として国策を推進。満州国統治にも関与。戦後はA級戦犯被疑者となるも不起訴。自由民主党初代幹事長を経て、組閣。

第2節　日米安保条約改定

　GHQ（連合国軍最高司令官総司令部　⇒第12章・第1節）主導で形成された戦後体制からの脱却、「独立の完成」を目指してきた岸信介は、首相として日米安全保障（日米安保）条約を対等なものにすべく、その改定に照準を定めた。吉田茂の下で結ばれた日米安保条約（⇒第12章・第3節）は、明らかな不平等条約だった。日本はアメリカに対して基地提供の義務を負いながら、アメリカによる日本を防衛する義務は明文化されておらず、さらに日本に内乱や騒擾が発生した場合、それを鎮圧することができる「内乱条項」まで存在していた。日米安保条約改定は、「独立の完成」のためには、どうしても乗り越えなければならないハードルだった。

　岸はアメリカに対する発言力を強化すべく、2度にわたる東南アジア歴訪を敢行した。「孤立した日本」ではなく、「アジアを代表する日本」として、そのプレゼンスを高めるようと考えたのである。首相就任から4カ月後の訪米では、「日米新時代」をキャッチフレーズに掲げ、当時の大統領・アイゼンハワー（D.D.Eisenhower）との信頼醸成に努めた。アイゼンハワーとの間で改定への大筋合意が図られると、岸は帰国後、民間から藤山コンツェルン※の2代目でアメリカにも知己が多い藤山愛一郎を外務大臣に起用し、改定に向けての準備を進めた。

藤山愛一郎（1897～1985）

　※　明治～昭和時代に製糖事業を中核に発展。明治期の事業体「日本精糖」設立には渋沢栄一も関与。渋沢から事業を継承し拡大したのが、三井銀行出身の藤山雷太（社名は日糖興業→大日本製糖と変更）。愛一郎は、雷太の長男。父子とも日本商工会議所会頭。

　1958（昭和33）年に入ると、国会には解散風が吹き始めた。前回の衆議院議員選挙から３年が経過し、この間、鳩山一郎、石橋湛山、そして岸と３つもの内閣が誕生していた。４月25日、岸は衆議院を解散、選挙戦へと突入した。選挙結果は自民党が勝利、全体の過半数を超える候補者を擁立して単独政権を目指した社会党は議席数こそ微増となったものの勝利感は全くなかった（議席総数467のうち、自民党287、社会党166）。この結果に大きな自信を得た岸は第２次岸内閣を発足させ、藤山を留任、実弟である佐藤栄作を大蔵大臣に据え、岸カラーを鮮明にし、安保改定への動きを加速させた。

　だが、ここで岸は大きな挫折を味わうことになる。９月、教職員に対する勤評（勤務評定）の全国実施に日教組（日本教職員組合）が猛反発し激烈な勤評闘争が起こり、続いて警察機能の拡充を目指す警職法（警察官職務執行法）改正案を国会に提出したところ、「警察国家の再来」との強い反発を呼び、社会党に加え総評（日本労働組合総評議会）を始めとする在野の革新勢力が「警職法改悪反対国民会議」を結成し反対運動を繰り広げたのである。それは安保闘争の前哨戦とも呼べるほどの規模へと拡大していった。やがて、自民党内でも岸への批判が強まり、改正案は廃案に追い込まれた。

❖❖❖ 岸内閣から池田内閣へ

　それでも岸は日米間の交渉を着々と進めていった。1959（昭和34）年３月、今度は日米安保条約破棄と日本の中立化を求める社会党、総評が中核となって「安保条約改定阻止国民会議」が旗揚げされた。「アンポハンタイ」の叫びは一気に全国へと波及していった。しかし、そんな社会党も一枚岩ではなかった。改定に対する左派と右派の対立が表面化し、60年１月、西尾末広を中心とする右派が社会党を離れ民主社会党、後の民社党を結成した。55年10月の再統一から４年しか持たなかった。

　そんな中、ついに新たな日米安保条約が調印された。これにより不平等性は解消され、半年後の批准書の交換において、アイゼンハワーを日本に迎えることも決まる。しかし、新条約ゆえ、国会を通過させなければならない。岸にとっては、ここからが波乱の幕開けとなった。安保闘争はエスカレートする一方だった。社会党からの攻撃は、しばしば岸を立ち往生させた。

　それでも新条約は、５月20日に何とか衆議院を通過、これで衆議院を解散しない限りは、６月19

「安保反対」を訴えた国会議事堂前のデモ隊
1960年6月18日。参加者は30万人以上とされる。同日夜（19日未明）、国会では安保条約改定が自然承認された。衆議院の勢力は、本文の通り。また参議院は、議席総数250のうち、自民党132、社会党85だった。

日に自然承認されることが確実となった。その日はアイゼンハワーの来日予定日でも
あった。しかし、安保闘争の勢いは増すばかりだった。国会議事堂を反対派の群衆が
包囲し、22歳の東大生・樺美智子が人雪崩によって圧死するという事故まで起こった
(6月15日)。岸は何とかしてアイゼンハワーの来日を実現させようと粘るも、この事故
に遭遇して訪日延期、事実上の中止を決めた。その瞬間、岸は退陣を決意した。

　18日夜、岸は首相官邸で、参議院での自然承認を待った。自然承認が成立したのは
19日午前0時であった。こうして「人心一新」と「政局転換」の必要性を痛感した岸は、
23日、辞任を表明した。これにより、反対派の人波も潮が引くように静まっていった。

第3節　高度経済成長へ ── 「国民所得倍増」の到達と公害の発生

　岸信介の辞任後、池田勇人が首班指名を受け、
1960(昭和35)7月19日、第1次池田内閣が成
立した。日米安保条約改定における反対騒動の
余韻冷めやらぬ中、殺伐とした空気が日本中を
覆っていた。10月12日には、日本社会党委員
長の浅沼稲次郎が山口二矢※という17歳の少年
に刺殺されるという事件まで起こり、何とも言
えない脱力感、虚無感が広がっていた。そのよ
うな雰囲気を一掃するため池田は、「高度経済
成長」をスローガンに「政治の季節」から「経
済の季節」への鮮やかな転換を図った。

池田勇人と第1次内閣の閣僚たち

池田(1899〜1965)は広島出身で元大蔵官僚。第3次吉
田内閣の蔵相で初入閣、第4次吉田内閣でも留任。石橋
内閣・岸内閣でも蔵相、吉田内閣では通商産業相も兼務。
なお、池田の斜め後ろは、初の女性閣僚・中山マサ厚生相。
最後列左端は、池田の大蔵省時代からの側近だった大平
正芳内閣官房長官(のちの首相)。また、後ろから2列め、
右から2人めは初入閣の鈴木善幸郵政相(のちの首相)。

　12月、池田は自らの代名詞とも言える「国民所得倍増計画※※」を閣議決定、これ
を具現化すべく公共投資、減税、社会保障の3本柱を立てて実行に移す。その成果は
見事に表れた。日本中に民間企業による設備投資の嵐が巻き起こり、機械、鉄鋼、化
学といった重化学工業を中心に、1社の設備投資が、別の会社の設備投資を招き、「投
資が投資を呼ぶ」とまで言われ、日本は一気に工業大国へ伸し上がっていった。

　国民生活にも変化が現れた。所得水準と同時に消費水準も高まりを見せ、白黒テレ
ビ、電気洗濯機、電気冷蔵庫を指す「三種の神器※※※」なる言葉が流行語として登場し、
一般家庭に普及していった。国民所得倍増計画は言わばブームとなったのである。高
度経済成長は、まさに敗戦で国破れた中で、多くの日本人が共通して抱いた新たな到
達目標だった。

　※　山口は東京出身。反共主義を掲げる大日本愛国党に所属後、脱党。10月12日、日比谷公会堂の壇上に駆け上がり、演説中の浅沼委員長
　　　を脇差(刀)で刺し、現行犯逮捕。収監された東京少年鑑別所で11月2日に自決。山口の父は陸上自衛隊員だったが事件後、依願退職。
　※※　1961年度〜70年度までの10年間で、実質国民総生産(実質GNP)を年率平均7.2%増に設定していた。
　※※※　本来は、皇室の正統を意味する3種類の宝物、すなわち、八咫鏡(やたのかがみ)、天叢雲剣(あめのむらくものつるぎ)(草薙剣(くさなぎ
　　　のつるぎ))、八尺瓊勾玉(やさかにのまがたま)を指す。繁栄の享受(電化製品購入)の象徴としてマスコミが比喩的に使用し広まった。

東京オリンピックの開会式（旧国立競技場）
最終聖火ランナー坂井義則（1945〜2014）は広島出身、原爆が投下された8月6日生まれ。その出身が重視され、オリンピック組織委員会が抜擢したという。早大陸上部所属（オリンピック正式種目には参加していない）。

さらに、その流れを後押しする起爆剤となったのが、東京オリンピックだった。開催に当たっては当時、「1兆円のオリンピック」と呼ばれるほど巨額の資金を投入、大規模なインフラ整備が短期間で次々に実施された。東京モノレール、東海道新幹線が開通し、首都高速道路を始めとする道路建設・拡張・整備が行われ、国立競技場といった競技施設ができ、宿泊施設が次々とオープンした。東京は瞬く間に近代都市へと生まれ変わった。

1964年10月10日、国立競技場で東京オリンピックの開会式が開かれ、15日間にわたって競技が行われた。第二次世界大戦で原爆を落とされ廃墟と化した国が、戦後復興を世界にアピールする絶好のチャンスとなった。同時に多くの国民が自信と誇りを取り戻す機会にもなった。

だがその頃、池田は喉頭癌（いんとうがん）に侵されていた。病状は予想以上に進行していたが、仮に病名が表に出れば民族の祭典が暗いものになると判断した池田は、そのことを隠し、東京オリンピックの閉会式を待った。そして、オリンピックのフィナーレと同時に退陣の意向を明らかにし、後任に佐藤栄作を指名、11月9日、第1次佐藤内閣が誕生した。官房長官を鈴木善幸（すずきぜんこう）から橋本登美三郎（はしもととみさぶろう）に差し替えただけの「居抜き内閣」だった。池田が不帰（ふき）の客となるのは、それから1年後の8月13日のことである。享年65だった。

❖❖❖ 池田内閣から佐藤内閣へ

一方、佐藤内閣発足から間もなく、後に政権与党の一角を占める公明党が結成された。宗教団体・創価学会を支持母体に「中道政治」の実現を掲げ、程なく衆議院に進出し、常に国会においてキャスティング・ボードを握る存在となっていった。

首相となった佐藤は、就任から1年数カ月の間に次々と厄介（やっかい）な政策課題を処理していった。戦後の農地改革で土地を失った旧地主に報償措置を取るための農地報償法（農地被買収者等に対する給付金に関する法律）の制定、ILO※87号条約（結社の自由及び団結権の保護に関する条約）の批准と国内関係法令の改正、中でも日韓国交正常化の基礎となる日韓基本条約は14年もの間、未解決のまま残されていた懸案事項だったが、1965（昭和40）年2月、仮調印に漕ぎ着け、それから4カ月後に正式調印、批准と相成（あいな）った。

その頃、日本では公害問題が深刻化した。急速な高度経済成長により重化学工業化が進む中、水俣病（みなまた）（熊本県水俣市）、第2水俣病（新潟県阿賀野川流域）、イタイイタイ病（富山県神通川流域（じんづうがわ））、四日市ぜんそく（よっかいち）（三重県四日市市）の「四大公害」※※に象徴される大気汚

※ 「International Labour Organization」（国際労働機関）の略。国連の専門機関。なお、日本での87号条約批准では、同条約で示された労働時間や、認められた公務員のストライキ権などが削除され、その後に議論が残された。
※※ 各公害の原因は次の通り。【水俣病】新日本窒素肥料（チッソ）が垂れ流した有機水銀を含む工場排水。【第2水俣病（新潟水俣病）】昭和電工が垂れ流した有機水銀を含む工場排水。【イタイイタイ病】三井金属鉱業が排出したカドミウム。【四日市ぜんそく（喘息）】石原産業、中部電力、昭和四日市石油、三菱油化、三菱化成工業、三菱モンサント化成が排出した硫黄酸化物などの汚染物質。

染、水質汚濁により死者が出るほど被害が拡大し、「公害列島」なる言葉まで現れた。そこで佐藤は、経済優先から環境重視に舵を切った。公害対策基本法の全面改正を中心に14件にも上る公害関連法案を成立、さらに公害行政を一元的に取り扱う新たな専門官庁として71年7月、環境庁を設置した（2001年の省庁再編で改組、環境省となる）。

　在任中佐藤は、運輸大臣・荒舩清十郎の深谷駅急行停車問題※や、共和製糖事件※※といった数々のスキャンダル（総称して「黒い霧事件」と呼ばれた）に見舞われながらも、内閣発足時を含め、組閣は第2次、第3次と3回、内閣改造は6回に及んだ。自民党総裁に4選、国政選挙は5度勝ち抜き、7年8カ月の長期政権となった。

第4節　沖縄返還と日中国交正常化

　1965（昭和40）年8月、佐藤栄作は戦後の現職首相としては初めて沖縄を訪問した。出迎えた人々を前に佐藤は「私は沖縄の祖国復帰が実現しない限り、わが国にとって『戦後』が終っていないことをよく承知しております」と訴えた。沖縄は、第二次世界大戦で国内唯一の住民を巻き込む地上戦（1945年8月当時は「日本国内」だった樺太で生じたソ連との戦闘を除く）が繰り広げられた地であった。戦後はアメリカの占領支配を受け、講和条約が発効（1952年）されてからも、引き続きアメリカの施政権の下に置かれていた。佐藤は沖縄返還を自らの政治的使命とした。

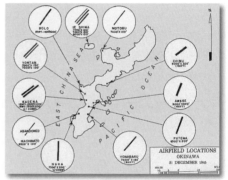

沖縄本島に1945年に設置された米軍の飛行場
米軍は45年4月の上陸直後から、日本軍飛行場を接収・整備し、6月22日の戦闘修了を経て同年中に多くの専用飛行場を建設。

　ただ、この段階で、佐藤が沖縄返還に、どれほどの自信を持っていたかは分からない。確かに、その年の1月の訪米時に、大統領のジョンソンに対し、沖縄返還の「願望」は伝えてはいたが、中国による核実験、ベトナム戦争の深刻化によって、極東におけるアメリカの軍事的要石である沖縄を日本に返すことは極めて難しいと言われていた。

　67年11月、佐藤は再びアメリカを訪れ、ジョンソンと向き合った。その結果、3年以内に返還することが約束され、翌年5月からは沖縄返還に関する日米間の具体的協議がスタートした。最大課題は、沖縄に点在する在日米軍基地をどのように扱うかであった。当初、「白紙」としていた佐藤が「核抜き、本土並み」返還を明らかにしたのは69年1月のことだった。

　※　1966年に発生。荒舩が自身の選挙区である埼玉県深谷市にある旧国鉄（現在のJR東日本）高崎線の深谷駅に急行が停車するよう働きかけた事件。国会で問題視され、荒舩は10月11日大臣を辞任（ただし、深谷駅の急行停車措置は以後も継続）。
※※　1966年に発生。共和製糖が農林中央金庫から不正融資を受ける一方、業界保護を名目とした複数の国会議員への贈賄が疑われた事件（砂糖の輸入自由化が背景にある）。67年2月、前社長菅貞人ら共和製糖幹部6名が業務上横領容疑で逮捕されたが与党自民党からは逮捕者はなく、翌月、政府を追及した社会党衆院議員・相沢重明が国会質問に関わる収賄容疑で逮捕（社会党は相沢を除名）。

交渉の末、その年の11月、佐藤はジョンソンの後を受けて大統領となったニクソン（R.Nixon）との間で日米安保条約の堅持と併せ、「核抜き、本土並み」返還で合意した。ただしこの際、「有事」になった場合に核兵器を持ち込む別の密約があったことも後に明らかになっている。こうして、71（昭和46）年6月17日に沖縄返還協定に調印、国会承認を経て、68年6月の小笠原諸島返還（東京都管轄へ復帰）に続いて72年5月15日、沖縄返還が実現した。

佐藤栄作とニクソン

佐藤（1901～75）は、山口出身。元運輸官僚。岸信介は実兄（信介は父の実家・岸家の養子）。吉田内閣で官房長官、郵政相、建設相、岸内閣で蔵相、池田内閣で通産相、また自民党幹事長などを歴任。64～72まで3次にわたり組閣。

しかし、政権末期になると、さすがの佐藤にも陰りが見え始めた。最も佐藤を悩ませたが中国問題だった。日本は戦後、台湾の「中華民国」政府が全中国を統治し代表していることを認め、日華平和条約に基づいて外交関係を保持してきた。ところが、徐々に中国大陸を支配する「中華人民共和国」を国連加盟させるべきとの意見が世界中に広がり、71年7月15日、アメリカのニクソンが日本への事前通告なしに突然、ラジオ、テレビ放送を通じて適当な時期に中国を訪問することを発表した。冷戦下において中国と対立関係にあったアメリカの政策変更であった。

佐藤内閣から田中内閣へ

1971（昭和46）の年の秋に行われた国連総会では、中国の加盟、台湾の追放を謳うアルバニア決議案※が可決、台湾は国連からの脱退を表明し、中国の国連への加盟が正式に決まる。翌72年2月、ニクソンは予告通り中国を訪問し米中関係は一気に緊密化していった。

田中角栄（1918～93）

その結果、日本でも「バスに乗り遅れるな」とばかりに日中国交正常化への流れが加速していった。しかし、もともと台湾寄りだった佐藤に対し、中国は見向きもせず、結局、その処理は佐藤の後任となる田中角栄が引き継ぐこととなった。

7月、第1次田中内閣が誕生した。田中は首相就任前から日中国交正常化に向けた下準備に取り組んでいた。盟友・大平正芳（⇒第14章・第2節）を外務大臣に据え、さらに日本社会党や公明党まで巻き込んで計画を進めていた田中は、内閣発足からわずか2カ月余りの速さで中国に飛んだ。交渉は難航した。

最大のポイントは台湾問題だった。日中国交正常化は即ち20年間にわたって外交関係を維持してきた台湾との断交を意味した。最終的に田中と中国国務院総理・周恩来との間で妥結し、「日中共同声明」が交わされ日中国交正常化が実現した。だが同時に台湾に対しては、大平によって日華平和条約の無効宣言が発せられ、20年間にわたる外交関係に終止符が打たれた。

[丹羽文生]

※ 1971年10月、国連総会における中国代表権に関する決議の通称。台湾（中華民国）の追放決議案を提出した23カ国のうち、特に当時、中国（中華人民共和国）と親交があったアルバニア人民共和国の国名に基づいてこう呼ぶ。

第14章

成熟社会から新自由主義へ

1983年5月、先進国首脳会議（ウィリアムズバーグ、アメリカ）。左から、トルドー（カナダ首相）、トルン（欧州委員会委員長）、コール（西ドイツ首相）、ミッテラン（フランス大統領）、レーガン（アメリカ大統領）、中曽根康弘（日本国首相）、サッチャー（イギリス首相）、ファンファーニ（イタリア首相）。

✧ 本章のキーワード ✧

- □ 角福戦争
- □ ロッキード事件
- □ 保革伯仲
- □ 四十日抗争
- □ 国鉄民営化

- □ 社会民主主義
- □ リクルート事件
- □ 消費税
- □ 湾岸戦争
- □ 政治改革

第1節 高度成長か、転換か —「角福戦争」とロッキード事件の時代

　田中角栄首相は、内政では日本列島改造論を掲げ、交通網整備を通じて、高度成長の影響を地方にも及ぼそうとした。外交では、米国と歩調を合わせて日中関係強化に務める一方、1973（昭和48）年10月の第4次中東戦争※に際しては、三木武夫※※副首相や中曽根康弘（⇒第3節）通産相の路線に乗って親アラブ諸国の姿勢も見せ、資源確保を維持した。しかし、積極財政によるインフレとオイルショックの影響による物価上昇は「狂乱物価」と呼ばれ、73年11月の愛知揆一蔵相急死を機会に、列島改造論に反対する福田赳夫が蔵相に就任、政策は転換された。福田は、高度経済成長期からそれに批判的な勉強会を野党関係者も含めて組織し、安定成長を訴えていた。72年の自民党総裁選で田中と決選投票「角福戦争」を戦ったのも福田である。

　74年7月の参議院選挙で、自民党は僅差で過半数を維持したが、選挙後、三木副首相や福田蔵相が、田中の強引な候補擁立や金権政治を批判して辞任した。「金脈」問題を暴露・批判する週刊誌記事が出た後も、田中は内閣改造を行い延命を図ったが、12月に辞任した。

　後継の自民党総裁は、中立的な小派閥出身の長老である椎名悦三郎※※※副総裁が指名

※　1948〜73年の間にイスラエルと、エジプトやシリアなどアラブ諸国とが交戦した「中東戦争」の第四次（73年10月）。アラブ諸国が敵対するイスラエルの友好国への石油輸出を禁じ、価格引き上げを行って生じたのが「オイルショック」（石油危機）。

※※　1907〜88。徳島県出身。1937年初当選。片山内閣の通信相で初入閣。保守合同後の第2次鳩山内閣で運輸相。以後、傍流ながら存在感を発揮。「バルカン政治家」（地政学上複雑なバルカン半島諸国のように、臨機応変に敵対と協調を変える政治家）と称された。

※※※　1898〜1979。岩手県出身。農商務省入省。満州国に渡り同じ農商務省出身の岸信介の腹心となり、岸が東条内閣の商工相として初入閣すると次官に抜擢。戦後、岸内閣で官房長官。その後、通産相、外相。自民党内でも政調会長、総務会長を歴任。

することとなった。野党を巻き込んだ中道新党の結成の
ための離党を計画していた三木が指名され、逆に自民党
の再建とイメージ転換を担うこととなった。76年、米
航空会社・ロッキード社からの収賄の罪によって検察庁
が7月に田中前首相を逮捕するが（ロッキード事件※）、三
木はそれを是認した。反発する田中派は、連携する大平
派、さらには早期の次期首相就任を狙う福田をも巻き込
んで「三木おろし」に走り、椎名もこれを支持した。

田中角栄（73年訪米時ニクソン大統領と）
1918〜93。新潟県出身。47年、衆議
院議員に初当選。57年第1次岸改造
内閣の郵政相で初入閣。蔵相（第2次・
第3次池田内閣、第1次佐藤内閣）、
通産相（第3次佐藤内閣）、自民党幹事
長など要職を歴任。72〜74年首相。

　一方、政治浄化を訴える三木派・中曽根派などの若手
議員も6人が離党、河野洋平を代表として新自由クラブ（⇒
第3節）を結成し、三木は挟み撃ちとなった。12月、任期満了に伴う衆院選が行われたが、
自民党は初めて過半数割れし、追加公認を経ての過半数回復となった。衆院選「敗北」
を受けて三木おろしの圧力は強まった。三木はさらなる衆議院解散を行うことも考え
たが、結局断念し、退陣した。

❖❖❖ 「保革伯仲」から保守復調へ —— 減り始める「革新」首長

　後継の自民党総裁には、派閥間の話し合いで推された福田赳夫が無投票で当選し、
1976（昭和51）年12月、首相に就任した。内政では持論である計画的経済運営を行う一方、
外交では、全方位外交をかかげ、東西両陣営のバランスを取ろうとした。かつて鳩山
一郎（⇒第12章・第4節）や首相就任当初の岸信介（⇒第13章・第2節）も試みたことである。中国
との間で78年8月に日中平和友好条約を結んだ際には、ソ連を念頭に日中両国が「覇権」
に反対するとしながらも、日本の対ソ関係維持を認めるような文言も盛り込んだ。

　自民党が政策の幅を広げる一方、野党側はさらに分裂した。77年3月には、10年
にわたり社会党の穏健化を求めてきた江田三郎が、左派の攻撃でついに離党し直後に
急死、息子の江田五月が、市民運動家の菅直人（⇒第15章・第4節）らとともに社会民主連合
を結成した。

　77年7月の参院選では、社会党の議席が期待を下回った。68年から9年にわたって
社会党委員長を務めた成田知己が党分裂と参院選敗北の責任を負わされて辞任、後任に
は横浜市長だった飛鳥田一雄が就任した。左派の飛鳥田だが、78年3月には党の綱領
的文書の見直しも開始した。しかし党勢は回復せず、地方自治体の「革新」首長※※が減
り始めた。78年4月の京都府知事選は、7期28年を務めた蜷川虎三※※※知事の後継を決
める選挙だったが、社会党と共産党は別々に候補者を擁立し、その結果、自民党候補の

※　同社の航空機売り込みに絡み、田中のほか橋本富美三郎元運輸相、佐藤孝行元運輸政務次官らも収賄罪で逮捕。丸紅や全日空（社
　　長の若狭得治は元運輸事務次官）の幹部らも逮捕されるなど、事件の構造は政・官・財界組織に広く及び、「構造汚職」と呼ばれた。
※※　「55年体制」（⇒第15章・第1節）以降、自民党が推薦した「保守」系の自治体首長に対し、社会党や共産党が支持・支援した社会
　　主義的・共産主義的政治志向の強い首長を指す。また、そうした首長が治める自治体を「革新自治体」と呼んだ。
※※※　1897〜1981。東京出身。経済学者、統計学者。京大教授、初代中小企業庁長官を経て、50年社会党公認で京都府知事に初当選。長
　　く、「革新」首長の顔として全国の自治体にも影響を及ぼした。長期府政の後期には社会党の一部と対立、共産色が強まった。

林田悠紀夫[※]が勝利した。

79年4月の東京都知事選でも、3期12年を務めた美濃部亮吉^{※※}知事の後継が争われたが、同様に自民党系候補が勝利した。他の「革新」首長たちも、2～3期での不出馬や落選をするようになった。あるいは、共産党以外の「オール与党」を形成するようになっていく。

こうして、保守復調の傾向が見られるようになるが、福田は自民党内の政局を生きのびることができなかった。任期満了による78年11月の総裁選には、田中の支援を受けた大平正芳^{※※※}幹事長が出馬した。この選挙で

福田赳夫（78年ボン・サミットで各国首脳と）
1905～95。群馬県出身。52年、衆議院議員に初当選。第2次岸改造内閣の農相で初入閣。自民党幹事長、外相（第3次佐藤改造内閣）、蔵相（第2次田中内閣）など要職を歴任。76～78年首相。

は、一般党員参加の予備選が初めて導入された。福田は、予備選挙での勝利を確信しており、大平に対し、予備選の敗者は国会議員が加わる本選挙を辞退するように申し入れた。予備選挙では、事前の予想を覆して大平が勝利し、福田は本選挙辞退に追い込まれ、首相も退任した。

第2節 成熟社会と保守主義の再構築

大平首相は、内政では、高度経済成長を評価した上で精神的・文化的成熟を伴わせることを目指し、田園都市構想を掲げた。立案にあたって大平は、新自由クラブのアドバイザーをも取り込み、中心的な役割を与えた。外交では、環太平洋連帯構想のもと、米国の関与を基軸としたアジア政策へと回帰した。1979年のイラン革命や、翌年のソ連のアフガニスタン内戦介入を経て、西側陣営の主要国がモスクワオリンピック不参加を決めた時には、日本もそれに同調した。

1979（昭和54）年9月、野党が内閣不信任案を提出すると、大平は、赤字国債に頼らない財政再建のための消費税導入を訴えながら、衆議院を解散した。しかし、メディアや与野党の反発によって大平は増税断念を余儀なくされた上に、選挙結果も再び過半数割れ、追加公認を経ての過半数回復となった。

非主流派となっていた福田・三木・中曽根は大平に退陣を要求し、「四十日抗争」と呼ばれた。特別国会における首班指名選挙では、自民党議員の支持が大平と福田に分かれ、一つの党から二人の首相候補が出る事態となった。1回目の投票では135票対125票、決選投票の結果138票泰121票と、僅差で大平が福田を破り、首相の座を維

※ 1915～2007。元自民党参議院議員。2期8年知事を務めて再度参議院議員となり、竹下内閣で法相。なお林田府政の副知事は、府議会議員出身の野中広務（のなか・ひろむ）と、自治省出身の荒巻禎一（あらまき・ていいち）。野中はのち官房長官（竹下内閣）、自民党幹事長など要職を歴任。荒巻は林田の後任の府知事（4期16年）。

※※ 1904～84。東京都出身。経済学者。憲法学者・美濃部達吉の長男。東京教育大学教授時代に革新系統一候補として都知事選に立ち勝利。知事在任中は福祉行政に成果を挙げる一方で、財政赤字を招いた。退任後、参議院議員（社会党）。

※※※ 香川県出身。大蔵官僚時代に池田勇人蔵相の秘書官となり、衆議院議員当選。第1次池田内閣の官房長官で初入閣。田中内閣の外相として日中国交正常化に貢献。本文にあるように、80年の衆参同日選挙期間中に急逝。首相在任中の死去は戦後初。

持した。新自由クラブは大平を支持し、大平支持の可能性のあった公明党や、福田支持の可能性があった民社党※などその他の野党は決選投票を棄権した。

大平正芳(1910〜80)

再選された大平は、党幹事長に中曽根派議員を起用するなど融和を図ったが、対立は続いた。参議院選挙を控えた80年5月に野党が再び不信任案を提出すると、中曽根派は内閣支持に回ったが、福田・三木両派は採決を欠席し、不信任案は可決された。

大平はただちに衆院を解散し、初の衆参同日選となるが、選挙戦初日の夜に体調を崩して入院し、6月12日、心不全のため現職のまま死去した。これをきっかけに自民党内の争いは棚上げされ、10日後、同党は大勝した。社会党は、80年1月に共産党と距離を置いて公明党との連立政権構想を明確にしていたが、結局敗北、しかし飛鳥田委員長は続投した。大平の後任総裁には、大平派所属で田中角栄にも近かった党総務会長の鈴木善幸※※が無投票で就任、首相となった。鈴木は「和の政治」に基づく党内融和を掲げ、自民党内では総主流派体制が構築された。

❖❖❖ 行政改革の始まり —— 新自由主義の時代へ

鈴木首相は、内政では増税なき財政再建を謳い行政改革を先行させることとし、首相の私的諮問機関である臨時行政調査会（臨調）を設置した。会長には、元経団連会長の土光敏夫が就任した。土光臨調の提出した答申は、国営事業の民営化や、首相官邸機能の強化などを求めた。外交では、日米同盟が軍事同盟か否かをめぐって、肯定派の外務大臣（伊東正義）と否定派の首相が、同じ鈴木派同士で対立したこともあった。鈴木は、大型国政選挙を経ないまま、1982(昭和57)年の総裁任期切れをもって突如再選不出馬を表明し、退陣した。

11月の総裁選では、田中派の支持を得た中曽根康弘が予備選で圧勝して当選、首相に就任した。83年6月の参院選では、それまでの全国区選出分に変えて比例代表制が導入されたが（⇒第15章・第1節）、自民党が勝利し、社会党の飛鳥田委員長は辞任した。後任の委員長には、中道野党との更なる協力を目指す石橋政嗣が選出された。

83年10月には東京地裁が田中元首相に有罪判決を出し、12月の衆院選で自民党は過半数割れした。中曽根は田中の影響力を廃すると述べ、田中派出身の二階堂進幹事長を交代させ、新自由クラブと連立政権を組んだが、二階堂は翌年春には党副総裁に就任するなど、中曽根と田中派の相互依存・利用関係は続いた。

84年10月の総裁選では、福田・三木・鈴木三派を率いる元首相たちが、二階堂副総裁を中曽根の対抗馬として擁立しようとしたが、田中の同意を得られず失敗した。

※　1960年、社会党右派の西尾末広(にしお・すえひろ)(1891〜1981)が離党して結成。当初の党名は、民主社会党。党名どおり、議会制民主主義による社会主義の樹立を志向。69年に民社党に改称。93年、細川政権に参加。94年解党し、新進党に参加。

※※　1911〜2004。岩手県出身。日本社会党から衆議院議員に初当選。自民党へ移籍後、第1次池田内閣の郵政相で初入閣。その後、厚労相、農水相などを歴任。三女は麻生太郎の夫人。長男俊一も衆議院議員、岸田内閣で財務相（前任者は義兄の麻生）。

各派では世代交代が進み、鈴木派は宮沢喜一（⇒第4節）に、福田派は安倍晋太郎※に、三木派は河本敏夫※※に引き継がれた。また、田中派でも、主な幹部たちが85年2月に、竹下登（⇒第3節）をリーダーとする新派閥への移行を仕掛けて成功させ、田中は直後に病に倒れ、権力闘争の一線から退くこととなった。

第3節　新自由主義の成果 —— 社会党は社会民主主義路線へ

　このような中で中曽根は、鈴木から引き継いだ行政改革の成果を出していく。1984（昭和59）年8月には専売公社民営化のための法案が成立した。独占権を維持したままではあるが、翌85年4月には日本たばこ産業株式会社（JT：JAPAN TOBACCO INC.）が発足した。84年12月には日本電信電話公社民営化のための法案が成立し、こちらも翌85年4月に日本電信電話株式会社（NTT：Nippon Telegraph and Telephone Corporation）が発足した。この際、通信事業への新規参入も推進された。なお、いずれの会社も国が3割の株式を保有し続けている。日本国有鉄道（国鉄）については、85年6月に分割民営化に反対する国鉄総裁を更迭、翌年にかけて、民営化賛成、労使協調、経営状況への配慮などに賛成する労働組合を選別していった。

　こうした動きは社会党にも変容を促した。78年以来7年以上漸進してきた党綱領的文書見直しがまとまり、86年1月に「日本社会党の新宣言」が採択された。「複数政党制と政権交代をふくむ議会制民主主義を順守する」ことや、「市場経済の有効性」も生かすことなどが盛り込まれ、内政においては西欧型の社会民主主義路線を取ることを表明したものである。64年に採択された「日本における社会主義への道」では、選挙によらない革命の可能性が維持されていたが、ここに至って転換された。

　これに対し中曽根首相は、86年7月の参院選にあわせて衆議院を不意打ち的に解散した。自民党は国鉄の分割民営化を、社会党は分割なしの民営化を掲げたが、この衆参同日選挙で自民党は大勝した。選挙後、新自由クラブは解党し、大半が自民党に復党した。路線変更にもかかわらず惨敗した社会党の石橋委員長は9月に退任し、後継には左派の土井たか子※※※が選出された。主要政党初の女性党首であった。

　衆院選大勝にともない、秋に満了を迎える自民党の総裁任期を1年延長することが決定され、中曽根は翌年秋まで務めた。86年11月には国鉄分割・民営化のための法案が成立し、翌87年4月、地域ごとに分割し貨物事業等を分社した上で民営化された。

　※　1924～91。山口県出身。父・寛（かん）は衆議院議員。毎日新聞社員時代、岸信介の長女と結婚し岸の秘書となる。58年、衆議院議員初当選。三木内閣に農相で初入閣。以後、官房長官（福田改造内閣）、通産相（鈴木改造内閣）、外相（中曽根内閣）など要職を歴任。福田（赳夫）派に属し、自派を確立後は党総裁（首相）の有力候補とされたが、自民党幹事長退任後に病死。安倍晋三は次男。

　※※　1911～2004。兵庫県出身。三光汽船社長。49年初当選以後、衆議院議員連続17回当選。第2次佐藤改造内閣（第2次改造）の郵政相で初入閣。三木内閣で通産相。三木派を継承し総裁（首相）を目指したが、三光汽船倒産で失速。総裁候補の座を海部俊樹に譲った。

　※※※　1927～2014。兵庫県出身。同志社大学講師（憲法学）を経て衆議院議員選挙で当選。党首時代の89年、宇野首相の女性問題などを追及して参議院選挙で大勝、「マドンナ旋風／土井ブーム」と呼ばれた。91年の統一地方選挙で惨敗、党首を辞任。93年女性初の衆議院議長。96年、（社民党に改称後）村山富市が退任し再度党首になるが、2003年の総選挙で敗北、引責辞任。

各地に誕生したJR各社は、国の外郭団体が全株式を保有する北海道と四国を除いて、現在では純粋な民間企業となった。

❖❖❖ 中曽根改革の副産物

国鉄民営化後、社会党を支持する日本労働組合総評議会（総評）の力が相対的に低下し、民社党を支持する全日本労働総同盟（同盟）と妥協・連携する道が開かれた。同盟の主導で、1987（昭和62）年には同盟と中立系が合流、さら

中曽根康弘（86年来日したレーガン米国大統領と）
1918～2019。群馬県出身。47年、衆議院議員に初当選。59年第2次改造内閣の科学技術庁長官で初入閣。運輸相（第2次佐藤内閣）、防衛庁長官（第3次佐藤内閣）、通産相（第1次・第2次田中内閣）など要職を歴任。82～87年首相。

に89年11月には総評が合流して日本労働組合総連合会（連合）が結成されていく。総評の中で民営化路線に良く適応したNTT労組も大きな力を果たした。

大統領型首相と言われた中曽根は、大平や鈴木と同様の首相の公的・私的な諮問機関をよく活用したが、内閣官房の政策統合機能強化も行っている。86年6月に設置された内閣内政審議室、内閣外政審議室、内閣安全保障室である。これらは現在の内閣官房副長官補室へと引き継がれている。

外交では、元々は対米自立論者として政界入りした中曽根は、首相就任後は、サミットなどで日米対等の姿を演出しつつ、協力を深めた。一方、「新冷戦※」による西側の圧力強化を受けてソ連が軟化すると、西側陣営においてはむしろ日本脅威論が出するようになった。米国との間では貿易摩擦問題が発生し、85年9月のプラザ合意※※では円安の是正を受け入れて、長年の輸出依存から国内外への投資へと転換を図るが、国内投資はバブル経済の遠因ともなり、国外投資は新たな日本脅威論につながった。中国や韓国との間では、歴史認識をめぐる問題が改めて指摘されるようになった。

第4節 自民党政権の揺らぎ —— リクルート事件と湾岸戦争の時代

中曽根の後任の自民党総裁には、中曽根が指名した者を無投票で当選させることとなった。竹下、安倍、宮沢が候補であったが、1987（昭和62）年11月、竹下が指名され首相となった。増税なき財政再建が長く言われてきたが、竹下内閣に至っては一般消費税創設が課題となった。88年12月に関連法案が成立し、翌89年4月に3%の消費税が導入された。

※ 「冷戦（Cold War）」は第二次大戦後、アメリカ・西欧など自由民主制をとる国々（西側）と、ソ連・東欧など社会主義体制の国々（東側：実態はソ連が指導する「衛星国」）が、全面的な戦火を交えずに対立を続けた状態。前者は1949年に北大西洋条約機構（NATO）を、後者は55年にワルシャワ条約機構（共に軍事同盟）を締結。「新冷戦」は79年、ソ連のアフガニスタン侵攻による米ソ関係の悪化を指す。89年に東西対立の象徴だったベルリンの壁が崩され、米ソ首脳のマルタ会談により「冷戦」は終わったとされる。

※※ 先進5カ国（日・米・英・独・仏）財務相・中央銀行総裁会議（G5）で合意した、アメリカの貿易赤字削減を目的とする各国による外国為替（かわせ）市場への協調介入のこと（Plaza Agreement）。「プラザ」は、会場となったニューヨークのプラザホテルにちなむ。

これに先立ち、88年6月に、リクルート事件が報道された。不動産業を展開する子会社のリクルートコスモス社が市場に上場する前に、未公開の株式を有力政治家に配布していたものである。参院選が迫る中、支持率低下により竹下は89年6月に退陣した。

竹下後継の自民党総裁を選ぶにあたっては、安倍や宮沢ら候補者であったはずの人物もリクルート事件に関与していたため出馬を断念し、中曽根派所属の宇野宗佑※外務大臣が無投票で選出された。しかし、就任直後に女性問題が報じられた。

竹下登（88年トロント・サミットで各国首脳と）
1924〜2000。島根県出身。58年、衆議院議員に初当選。71年第3次佐藤内閣の内閣官房長官で初入閣。建設相（三木内閣）、蔵相（第2次大平内閣、第1次・第2次中曽根内閣）、通産相（第1次・第2次田中内閣）、自民党幹事長など要職を歴任。87〜89年首相。

自民党がリクルート・消費税・首相問題の三重苦に見舞われる中、11月の連合結成に向けて共産党以外の野党が協力する機運は高まっていた。消費税に強硬に反対した社会党の土井委員長の人気が上昇し、7月の参院選では社会党が躍進、自民党は初の参議院過半数割れとなった。宇野は辞任し、自民党は「若手」の後任を模索、河本派の海部俊樹※※が8月の総裁選で圧勝して首相に就任した。自民党の参議院過半数割れはその後も続く。

社会党の一人勝ちとなったことは、民社党や公明党の望むところではなかった。自民党幹事長に就任した竹下派の小沢一郎は、民社党や公明党との関係構築に務めて参議院の過半数割れに対応した上で、89年末の冷戦終結後、翌90年2月の衆院選を取り仕切り、大勝を収め、自民党の退潮を一端食い止めた。同年夏のイラクのクウェート侵攻を発端とした91年1月の「湾岸戦争」では、日本は米国を中心とする多国籍軍によるイラク攻撃を支持したが、軍事支援に躊躇する官邸と、積極的な党幹部の間で考えが分かれ、結局非軍事支援に留まった。戦後クウェートが発表した感謝声明には、日本の名前はなかった。それでも、小沢が同年4月の統一地方選後に幹事長を退任するまで海部政権の安定は続く。社会党では、土井委員長が衆院選と統一地方選での退潮で辞任、7月に右派の田辺誠が就いた。

❖❖❖ 「政治改革」と自民党分裂

竹下政権時代の1988（昭和63）年12月、自民党内に政治改革担当の委員会が設置された。海部政権下の91（平成3）年には、小選挙区と比例代表の並立制を導入する政治改革法案が国会に提出されるが、自民党内の反対派の抵抗で9月に廃案となる。海部首相は衆議院解散を試みるが、竹下派内部で調整がつかず挫折、総裁選不出馬に追い込

※　1922〜98。滋賀県出身。60年、衆議院議員に初当選。以後連続12回当選。河野（一郎）派に属し、河野没後は中曽根派に属す。第2次田中内閣の防衛庁長官で初入閣。通産相（第1次中曽根内閣）、外相（竹下内閣）など要職を歴任。有力候補ではなかったが、本文にあるような経緯で自民党総裁に選出され内閣を組織するも、参議院議員選挙で敗北し70日足らずで退陣。
※※　1931〜2022。60年、衆議院議員初当選。福田内閣の文相で初入閣。竹下登（早大雄弁会の先輩）および竹下派議員の支持を得て、自民党総裁、首相。首相退任後の94年「自社さ」連立を拒否して離党。自由改革連合、新進党、自由党を経て、03年保守新党の解党、自民党への合併により復党。09年の衆議院選挙で落選。

まれ退任した。

　総裁選には、宮沢と、中曽根派を引き継いだ渡辺美智雄（わたなべみちお）などが出馬した。竹下派内では、小沢が渡辺を推すなどしたものの、竹下が推す宮沢でまとまり、宮沢が勝利、首相となった。

　宮沢内閣は、内政では、「生活大国」など、かつての大平を彷彿（ほうふつ）とさせる成熟社会の姿を提示したが、91年のバブル崩壊を受けて反映の残滓と将来不安が交錯する中、大衆には広まらなかった。外交では、92年6月に国連のPKO（Peacekeeping Operations：平和維持活動）への自衛隊参加を可能とする法案を成立させた。野党では、民社党・公明党は法案修正の後賛成、社会党は採決時にも「牛歩（ぎゅうほ）」で抵抗するなど対応が分かれた。

　92年7月の参院選では微減にとどまった自民党だが、翌年にかけては、竹下派の後継争いと政治改革法案への賛否が重なり、党が分裂した。92年8月、竹下派会長の金丸信に佐川急便からの裏献金が発覚し、10月に議員辞職した。後継をめぐっては、竹下と近く、早くから内閣の要職を歴任してきた小渕恵三（おぶちけいぞう）（⇒第15章・第2節）・橋本龍太郎（はしもとりゅうたろう）（⇒第15章・第2節）らと、金丸と近く、より若い羽田孜（はたつとむ）（⇒第15章・第1節）・小沢一郎らが争った。小渕が後継となり、羽田らは離脱、竹下派は分裂した。羽田らは新派閥「改革フォーラム21」を結成し、政治改革推進を鮮明にした。

　このような中、政治改革法案に再び焦点が当たった。すでに92年7月の参院選では、細川護熙（ほそかわもりひろ）（⇒第15章・第1節）元熊本県知事が選挙制度改革賛成の日本新党を結成し、4議席を得ていた。宮沢は選挙運動改革には関心を示していたが選挙制度改革には積極的であったとはいえず、党内議論は漸進状態だった。賛成のメディアや世論、羽田派の突き上げによって宮沢は93年5月に法案成立に言及したが、6月に結局廃案となった。混乱を理由として野党が内閣不信任案を提出すると、羽田派が賛成票を投じ、不信任決議がなされた。

　宮沢が衆議院を解散すると、宮沢支持・政治改革賛成であった武村正義（たけむらまさよし）・鳩山由紀夫（はとやまゆきお）（⇒第15章・第4節）ら10人の自民党議員が離党し、武村を代表に新党さきがけを結成した。不信任案に賛成した羽田派も離党し、羽田を党首に新生党を結成した。こうして自民党は新党と分裂したまま選挙に臨んだ。

　7月の衆院選で、自民党は第一党となったが、分裂による議席減はほぼそのままとなり、過半数を大きく下回った。新党は、分裂時よりも勢力を増やした。社会党では、金丸と親しかった田辺委員長が1月に辞任、中間派的な山花貞夫（やまはなさだお）に交代していたが、新党ブームのあおりを受けて議席は激減した。とはいえ、非自民では依然かろうじて第一党であった。

　　　　　　　　　　　　　　　　　　　　　　　　　　　　　［吉田龍太郎］

宮沢喜一
（93年来日したクリントン米国大統領と）
1919～2007。東京出身。53年、参議院（広島地方区）議員に初当選。62年第2次池田第2次改造内閣に経済企画庁長官で初入閣。67年、衆議院議員当選。通産相（第3次佐藤内閣）、外相（三木内閣）、蔵相（第3次中曽根内閣、竹下内閣）など要職を歴任。91～93年首相。その後、蔵相・財務相（小渕内閣、森内閣）。

第15章

「改革」の時代とその帰結

第1節 「非自民」連立政権とその崩壊

　衆院過半数を割った自民党は依然第一党であったが、新生党の小沢一郎代表幹事は、第5党であった日本新党の細川護熙代表を首相候補とし、非自民・非共産のすべての党派による新政権樹立を図る。1993（平成5）年8月、社会党、新生党、公明党、日本新党、民社党、新党さきがけ、社会民主連合、民主改革連合、連合系無所属議員の会派の7党1会派による連立政権が誕生した。社会党の土井たか子元委員長は女性初の衆議院議長に就任した。自民党は、結党以来初めて野党に転落し、辞任した宮沢の後継総裁には、河野洋平が渡辺美智雄を破って就任した。

　細川連立政権は、小選挙区・比例代表が各250議席の並立制を導入する政治改革関連法案の審議を進めたが、比例代表制をより重視する社会党内で造反が生じたため、小選挙区をより重視する野党自民党の協力を得て、小選挙区300、比例代表200に変更して、1994年1月に成立した※。

　細川連立政権は、運営をめぐって火種を抱えていた。政権発足時、7党の各代表は全員入閣したが、各党に残った幹事長級の政治家たちによる与党代表者会議を小沢が仕切り、政治過程を主導した。与党代表者会議は大蔵省と直接結びついて予算編成も主導し、官房長官や各大臣は影響力を行使できなかった。また、入閣直後に社会党委員長を退任した山花貞夫は、閣僚ではあり続け、後任の村山富市委員長は入閣しない

※ 同時に、政党への公的資金の支出を規定した政党助成法も成立した。

まま宙に浮いた存在となった。

与党代表者会議への不満は、94年2月に細川首相が国民福祉税構想と称する消費税増税を発表した際に噴出した。細川の発表は、大蔵省との調整を済ませた与党代表者会議の方針に沿ったものだったが、社会党左派議員や村山委員長からの反発とともに、さきがけの武村官房長官ら閣内からも突き放す声が出て、細川は撤回に追い込まれた。その後、佐川急便から細川首相への裏献金が指摘され、細川は4月に突然辞任した。

細川の後任として、連立与党内では、自民党離党の可能性を探っていた渡辺美智雄も検討されたが、新生党代表の羽田孜※に落ち着いた。しかし、小沢らの動きに強権的と反発するなどした社会党とさきがけは連立を離脱し、日本新党の若手議員数名もさきがけに移った。

一方、羽田内閣の与党には、細川政権期の自民党離党者の会派「改革の会」のほか、新たに旧安倍派から離党した新党みらい、渡辺派から離党した自由党が加わった。それでも少数与党であった羽田内閣に対して、社民連も5月に解党し、日本新党とさきがけ等に各自移った。6月に不信任案が提出され、可決必至となった。羽田は解散総選挙を避けつつ社会党との関係修復を望んで一端辞任を選択した。

❖～～ 自民党の政権復帰 ── 「自社さ」(自民・社会・さきがけ)連立政権

その後6月30日の首班指名選挙では、社会党の村山委員長を、自民党とさきがけが推すこととなり、旧連立与党側は、村山に対抗して自民党離党を決断した海部俊樹(⇒第14章・第4節)元首相を支持して対抗した。自民・社会両党から造反者が出たものの、1994(平成6)年6月村山が勝利し、「自社さ」連立政権が発足した。自社さ政権では、内閣と与党の首脳会議や、各部門ごとの与党合同の会議が強化され、合意形成型の政策形成が行われた。社会党はここに至って日米安全保障条約や自衛隊の合憲性を認める等、外交・安全保障においても現実路線に移行した。

他方、自民党では、副総理となった河野総裁をはじめ「ハト派」が活躍していた。95年、阪神・淡路大震災(1月)やオウム真理教事件(3月)などがあった後の8月の第二次大戦終結50年にあたっては、日本の「植民地支配と侵略」によって「多大の損害と苦痛」を受けた「多くの国々、とりわけアジア諸国の人々」に「痛切な反省の意」と「心からのお詫びの気持ち」を表明した首相談話も出された。

再び野党となった新生党、公明党、日本新党、民社党と自由改革連合※※は、94年12月に海部を党首に新進党を結成して対抗した。95年7月の参院選では、新進党は野党第一党となるとともに、得票数では選挙区・比例ともに首位となる。12月には小沢一郎が党首となった。なお、別の中道新党を模索する勢力もあった。自社さ政権に反発する社会党の山花元委員長らは95年5月に離党、同12月に市民リーグを結成した。

※　1935~2017。東京出身。69年、衆議院(長野選挙区)議員に初当選。85年第2次中曽根再改造内閣に農水相で初入閣。93年離党し新生党を結成。細川連立政権に外相兼副総理で入閣。94年首相となるも64日で退陣。新進党などを経て民主党幹事長。
※※　改革の会、新党みらい、自由党などのメンバーによって、94年7月に結成されたグループ。代表は海部俊樹。

代表は、新進党への参加を見送った旧日本新党の海江田万里であった。参院選で最大議席数を維持した自民党には、次期衆院選を睨み、新進党などから復党・入党する動きが相次ぎ復調した。一方、参院選で議席減となった社会党は危機感を強めていった。

第2節　自民党政権の復活と停滞

　1996(平成8)年1月、次期衆院選における与党色を薄めるべく村山首相は辞任した。前年秋に自民党総裁に就任していた、小渕(恵三)派の橋本龍太郎[※]が後継となり、細川・村山政権でも着手されていた「行政改革」「規制改革」を前面に掲げた。社会党は村山の首相退陣直後に社会民主党に改称、自由主義経済を肯定する新綱領を制定した。

　さらに、96年9月には、社民党から多数の議員が離党し、さきがけの大多数の議員や、市民リーグと合流し、「自立」と「共生」の両立をうたう民主党が結成された。民主党の共同代表は、さきがけ代表幹事であり資金提供も担った鳩山由紀夫 (⇒第4章) 元官房副長官と、社民連解党後さきがけに移り、厚生大臣として知名度を上げた菅直人であった。

　10月の衆院選では、選挙直前の議席構成がほぼ維持された。自民党が第一党の座を保つ一方、社民党・さきがけは惨敗、新進党が野党第一党、民主党は第二党となった。自社さ連立政権は続いたが、社さ両党は閣僚を出さず閣外協力となった。

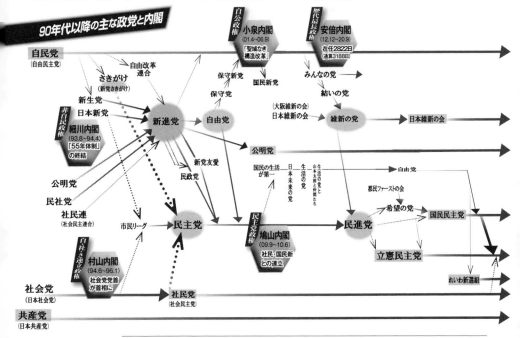

※ 1937～2006。東京出身。63年、衆議院(急逝した父・龍伍の選挙区岡山県)議員に当選。57年第1次大平内閣に厚生相で初入閣。運輸相(第3次中曽根内閣)、蔵相(海部内閣)などを歴任。96～98年首相。

　政権獲得に失敗した新進党からはさらに離党・自民党入党が相次ぎ、自民党は97年9月上旬に衆院単独過半数を回復した。しかし、翌週の党総裁選で橋本が無投票再選され、内閣改造を行うと、人選をめぐって内閣支持率は急落、同年後半から複数の銀行が破綻し経済不安が広がったことも追い打ちをかけた。同年12月に新進党は内紛で解党・分裂したが、小沢一郎の自由党と、復活した公明党に移る議員を除いて、多くは98年4月に民主改革連合とともに民主党に合流し、同党が非自民第一党となった。

　6月には、社さ両党が閣外協力を解消した。橋本は、中央省庁等改革基本法を成立させて7月の参院選に臨んだが、恒久的な減税をすると報道された橋本首相がこれを否定した後に自民党側によって覆されたことが迷走ととられ、自民党は惨敗、橋本は辞任した。

❖❖ 自公連立政権へ ── 景気対策と停滞感

　後継の自民党総裁・首相には、小渕恵三※が選出された。小渕は財政出動による景気回復を目指す一方、経済構造改革を目指す規制改革委員会における議論も続けた。1999（平成11）年1月には自由党と、同夏以降は公明党とも連立を組み、自自公連立政権として参議院における与党過半数を確保した。99年7月には、中央省庁の1府12省庁※※への再編や、副大臣・政務官制度の導入が可決された。細川内閣以来の課題であった地方分権推進一括法も可決され、国と地方自治体は名目上対等となった。また、99年5月に周辺事態法などの安全保障関連法案が成立、8月には国旗・国歌が法制化された。金融不安で就職状況は悪化していたが、98年以降のITバブルに伴い株価と内閣支持率は上昇傾向にあり、小渕は99年9月の党総裁選にも勝利した。同月、民主党でも代表選が行われ、鳩山由紀夫が菅を破って代表になった。

　2000年4月、自由党が次期衆院選を睨んで連立離脱に至ると、小渕はその日の夜に病に倒れ退任の方向となった。後継の総裁候補は、政府与党幹部5人の会合で一本化され、森喜朗幹事長が出馬・無投票当選、旧福田・安倍派から22年ぶりの首相となる。自由党から分裂して政権に留まった保守党を加えて自公保連立政権となった。6月の衆議院解散・総選挙の結果、自民党は大きく議席を減らして過半数を僅かに下回り、保守党も激減したが、連立与党は過半数を維持した。民主党は微増、自由党、社民党、共産党は現状維持で、野党は多党化した。しかし、相次ぐ閣僚辞任、自民党内の倒閣運動、ITバブル崩壊に伴う景気後退、収賄事件などが続き、内閣支持率は翌2001年には一桁台に下落した。森は総裁退任を表明し、4月の総裁選には橋本が復帰を目指して出馬したが、「自民党をぶっ壊す」のスローガンのもと刷新イメージを打ち出した森派の小泉純一郎が予備選で地滑り的勝利を収めたのち本選でも圧勝し、総裁・首相に就任した。

※　1937〜2000。群馬県出身。63年、衆議院議員に当選。79年第2次大平内閣の総理府総務長官で初入閣。内閣官房長官（竹下内閣）、外相（第2次橋本改造内閣）を歴任。98〜2000年首相。在任中、4月に脳梗塞で入院し翌月死去。
※※　内閣府（1府）と、総務省、法務省、外務省、財務省、文部科学省、厚生労働省、農林水産省、経済産業省、国土交通省、環境省、防衛庁、国家公安委員会（以上、12省庁）を指す。なお防衛庁は、07年に防衛省に移行。

第**3**節　小泉政権と「構造改革」── 新自由主義の隆盛とその後

　小泉は、中央省庁再編で誕生した内閣府の経済財政諮問会議に、「経済財政運営」の「基本方針」を予算編成作業前に出させ、首相主導の政策決定を実現した。また、党内派閥の要望と異なる人事を多く行い、党役員にも自らに接近した人物を配置した。経済自由化を前面に出した「構造改革」を掲げ「抵抗勢力」との対決を謳った小泉内閣の支持率は80％を超え、2001（平成13）年7月の参院選で自民党は圧勝、翌月の党総裁選も無投票となった。9月の米同時多発テロを受けた米国・多国籍軍のアフガニスタン派遣に際してはいち早く支持を表明し、親米色を強めた。

　02年に外務大臣（田中真紀子）が辞任した騒動で内閣支持率は半減したが、その後の支持率は40〜50％台で安定した。同7月には、郵便事業を郵政公社に改組する法案が成立、9月には、官邸主導による首相の北朝鮮訪問によって拉致問題が可視化され、10月からは竹中平蔵経済財政大臣が金融大臣を兼務し、銀行に貸付先の査定を厳格化して「不良債権」を処理するよう迫った。改革イメージを奪われた民主党の鳩山由紀夫代表は、9月の代表選で再選を果たした後の党内混乱で辞任に追い込まれ、代表選を経て12月に菅直人が後継となった。03年9月の任期満了に伴い行われた自民党総裁選では、「抵抗勢力」とされていた他派閥の候補者らを破って小泉が再選された。この際、総裁の任期が2年から3年に変わった。

❖❖❖ 二大政党の攻防

　2003（平成15）年11月には衆院選が行われ、自民党は、選挙後に自民党に合流した保守新党と併せて単独過半数となったが、菅代表の民主党も177議席と「躍進」した。自由党を吸収する「民由合併」が衆院選直前に実現して、期待感を上昇させた成果であった。

　翌04年には、5月の「年金未納」問題により福田康夫官房長官と菅民主党代表が共に辞任し両党とも傷を負った。自民党は6月に道路公団民営化法を成立させた一方、民主党では、岡田克也幹事長が代表に就任して党勢回復し、7月の参院選では、民主党が自民党の獲得議席を1上回り、総得票数でも選挙区、比例区ともに上回った。こうして衆参両院で二大政党化が定着し、共産、社民は衆参いずれも退潮した。翌05年に小泉内閣は郵政民営化法案の提出を断行、自民党総務会における承認決定は異例の多数決で行われた。自民党内の造反により、7月の衆議院採決では5票差で可決、8月の参議院では17票差で否決された。

　小泉は衆議院を電撃的に解散、「国民の皆さんに聞いてみたい」と記者会見に臨み、さらに、民営化法案に反対票を投じた「造反組」前職には公認を出さず、全選挙区で

「刺客」候補を擁立した。9月の衆院選で与党は3分の2を超える議席を獲得し大勝した。造反組37人のうち再選を果たしたのは17人であった。民主党は、117議席と大敗し、岡田代表は辞任、後任には前原誠司が就任した。郵政民営化法案は10月に可決、「造反組」のうち、無所属当選者の多くも賛成に回った。しかし、郵政選挙で高まった市場原理への人気は、沈静化し始めた。06年1月には、市場自由化の象徴と見られ「刺客」候補でもあった堀江貴文が証券取引法違反容疑で逮捕された。堀江と自民党の関係を国会で追及した民主党では、それが虚偽情報に基づくことが判明し前原代表が辞任した。後任には、「弱肉強食の格差社会」を批判し「人間と人間の共生」「公正な社会」を強調するようになっていた小沢一郎が4月に就任した。直後の衆議院補欠選挙は、小泉政権最後の国政選挙だったが、民主党候補が事前の予想を覆して勝利した。

❖⋯ 「改革」の修正とねじれ国会

　小泉は2006(平成18)年9月の総裁任期満了を以て退任し、党総裁選では、小泉が支持した森派の安倍晋三(⇒第5節)官房長官が勝利し首相に就任した。新政権発足にあたっては、「構造改革の加速」とともに「再チャレンジ」が喧伝された。しかし、郵政法案賛成に転じた造反組を復党させると支持率は下落し始めた。防衛庁の省への昇格、教育基本法改正なども実現したが、復古的ナショナリズムを想起させる安倍の「美しい国」論は批判の対象ともなった。また、現職閣僚の不祥事報道と相次ぐ辞任、国民の年金支払い記録の紛失といった問題に見舞われた。07年7月の参院選では、「国民の生活が第一」を掲げた民主党が、郵政造反組の一部が結成した国民新党等と協力し、地方の1人区を含めて大勝、第一党となり、自公は過半数割れした。安倍は党内の反発や体調不良により9月に辞任した。

　総裁選では森派の福田康夫元官房長官が勝利し首相に就任した。福田は民主党と同じ「自立と共生」を掲げ、「大連立」政権の可能性が浮上したが、民主党内の反発で頓挫、同党は対決姿勢を強めた。重要法案が否決された際には、政府側は衆議院での3分の2以上の議員の賛成で再可決をしてこれを封じたが、再可決制度の無い日本銀行総裁などの国会承認人事では野党側の要望に応じた人事を余儀なくされた。参議院で法的拘束力のない「問責決議」を可決され疲弊した福田は08年9月に辞任表明し、麻生太郎元外務大臣が、5人が出馬した総裁選で勝利、首相となった。

　総裁選中に世界金融危機が顕在化し、麻生は早期の衆院解散を断念し、財政支出拡大による景気対策に集中したが、二代連続の首相辞任と景気悪化に対する世論の反発や、構造改革路線の継続を求める党内の反発も受けた。改革路線棚上げに反発した渡辺喜美元行革担当大臣は09年1月に単独で離党、後にみんなの党を結党した。4月には、橋下徹大阪府知事を支持する地元府議が自民党会派から離脱した。

　内閣支持率が大きく低下したまま総選挙が迫る中、小沢民主党代表の政治資金報告書の記載不備が検察によって３月に突然摘発され、小沢は５月に辞任した。幹事長を務めていた鳩山由紀夫が代表選に勝利して後継となると党勢は回復し、主要地方選で勝利を重ねた。麻生は任期満了直前の７月に衆院を解散したが、９月１日の衆院選では「政権交代」をスローガンとした民主党が圧勝し、民主・社民・国民新党※の連立政権が発足した。共産党は一部の候補者を自主的に取り下げて民主党の議席増に貢献した。５議席を獲得したみんなの党も首班指名で鳩山に投票した。橋下大阪府知事も民主党支持を明言した。野党になった自民党では谷垣禎一が総裁に就任した。

第4節　民主党政権

　鳩山政権では、農業者戸別所得補償、子ども手当、高校無償化などの直接給付政策が実施されたが、初年度の財源不足により子ども手当は公約の半額、高校無償化は公立校が先行した。

　政策決定過程では、内閣府の経済財政諮問会議を休眠させ、総理直属の国家戦略局の新設を目指したが、内閣官房の一室に格下げされた。結局、国家戦略室のメンバーに内閣府の役職を兼任させながら、内閣官房副長官らが調整・統合を試みた。他方、内閣府の公開「事業仕分け」が殊更に注目された。実際には、民主党幹事長になった小沢一郎が陳情対応や予算編成の最終調整を行うなど主導権を持った。

　しかし、小沢の政治資金報告書記載不備に対する検察のさらなる捜査を止められず、米軍普天間基地(沖縄県)の移設問題をめぐる首相発言が迷走する中で内閣支持率は低下した。2010(平成22)年５月には、沖縄県内への新基地建設容認が決まり、反対する社民党は連立を離脱、与党の議席は衆院の３分の２を割り込んだ。参院選を控え、小沢幹事長は鳩山辞任を迫ったが、鳩山は小沢も同時に辞任することを要求し、両者とも辞任となった。

　代表選では菅直人副総理大臣が小沢派の一部が推す候補を破って当選した。首相就任後の菅は、「しばらく静かにして」と述べ小沢離れを印象付ける一方、子ども手当の増額に消極的になり、前年の政権公約で否定されていた消費税増税を突然提案するなどし、民主党は７月の参議院選挙で敗北した。同党は依然として参院第一党だったが、与党の議席は参院の過半数を割り込んだ。また、与野党双方を批判したみんなの党なども議席を得た。

❖❖❖ 党内対立と政権崩壊

　菅首相は辞任を拒否し、任期満了に伴う９月の代表選でも再選を目指した。これに鳩

※　綿貫民輔(わたぬき・たみすけ)、亀井静香(かめい・しずか)ら、小泉政権が進めた郵政民営化に反対し、自民党を離党した議員らによって結成。2009年、本文にあるように、民主党、社民党と組んで連立与党。鳩山内閣に亀井が内閣府特命担当大臣(金融担当)で入閣。12年の衆議院議員選挙で議席を減少。翌13年３月解党。

山と小沢が反発し、小沢が代表選に出馬し菅と一騎打ちとなった。小沢は菅政権下の官僚依存の復活を批判、金融緩和政策にも言及して増税論と差別化を図ったが、菅が再選された。翌月、小沢が上記の資金報告問題につき検察審査会の議決によって起訴され、民主党が裁判終了までの小沢の党員資格停止を打ち出すと党内対立は激化した。

代表選中には、尖閣諸島沖で中国"漁船"が海上保安庁の警備艇に衝突、逮捕された船長を、菅と仙谷由人官房長官の意向を受けて法務省が釈放した。内閣官房の既存の組織を活用して政策過程を主導するようになっていた仙谷長官への野党の攻撃は強まり、11月に参議院で大臣問責決議が可決、年明けに交代人事が行われた。2011（平成23）年3月の東日本大震災と福島第一原発の被災を受けて、菅は参議院自民党の分裂や、「脱原発」を旗印にした衆議院解散を探ったが断念し、ついに8月に辞任した。

同月の代表選では、野田佳彦財務大臣が、小沢・鳩山が推す海江田万里経産大臣らを破って当選、首相となる。野田は調整型の政治に回帰し、また小沢に近い旧社会党出身議員を党幹事長に登用するなど党内融和を図ったが、小沢の党員資格停止が続く中、年末以降離党者が出始めた。翌年の消費増税法案の党内調整は紛糾し、国会審議を経て12年7月に自民党・公明党の協力で成立するが、小沢派の大半は反対に回り、順次離党し、新党結成に動いた。

任期満了に伴う9月の代表選で再選を果たした野田は、同月に自民党総裁に復帰した安倍晋三に対抗して、12月に衆議院を行うが、民主党は惨敗、代表は海江田万里に交代した。小沢系の日本未来の党も惨敗、橋下大阪府知事が石原慎太郎都知事や民主党の一部等と結成した日本維新の会が躍進し、民主党に3議席差まで迫った。みんなの党は、維新の会の復古色が強まったことなどから連携強化を見送り、翌年の都議選や参院選でも対立した。

第5節 自公政権の復活と野党再編

自民党は2009（平成21）年よりも得票を減らしたが、非自民票分散によって大勝、公明党と共に政権復帰した。13年7月の参院選でも自公が過半数を回復、その後も国政選挙で勝利を重ねた安倍晋三※は、15年と18年の総裁選でも再選される。

第二次安倍内閣は、「アベノミクス」による経済成長を掲げた。その三本の「矢」としては、金融緩和、財政出動、規制改革がともに挙げられ、自民党は包括政党の度合いを強めた。高校や幼児教育の無償化も拡大し、女性活躍や多様な性自任への寛容なども、経済成長と絡めて語られるようになった。

14年5月には内閣官房の中に内閣人事局が発足した。各省庁の幹部職員の任用に関

※ 1954～2022。東京出身。母方の祖父は岸信介。中曽根内閣で外相などを歴任した父・晋太郎没後、93年衆院選に（父祖の地盤）山口県から立候補、初当選。小泉政権時に自民党幹事長、内閣官房長官。2006年首相、翌年体調などを理由に辞任。野党時代に再び自民党総裁となり、12年首相に再任。20年まで在任。22年7月、参議院選挙応援演説中、奈良市内で暗殺。

する首相と内閣官房の権限が強化され、「一元管理」のもと、官邸主導が強まった。しかし、17年初頭以降、文部科学省に関わる案件をはじめとして官邸主導の問題点が喧伝されるようになった。20年には、内閣人事局の事務の対象ではない検察庁の人事における首相官邸主導が問題視された。同年夏に安倍が体調不良によって辞任すると、菅義偉官房長官が後継として9月の総裁選を制し、首相に就任したが、官邸主導が批判されたりコロナウイルス対策の成果が認識されなかったことから21年9月の総裁選への出馬を断念、旧宮沢派を引き継いでいた岸田文雄元外務大臣が菅の推す候補を破って後継となった。岸田は「新しい資本主義」を標榜しているが、政府の役割の増大は安倍政権時代から始まっており、デジタル化は菅政権から引き継いだものである。

❖∙❖ 第2次安倍政権以降の野党

　民主党は、金融緩和政策による日銀財政の悪化や、地方への波及の遅さを批判し続けたが、2014（平成26）年12月の衆院選で海江田代表が落選、岡田克也に交代した。13年末に安倍政権に接近したみんなの党からは、反対派が離脱し日本維新の会と合流、維新の党を結成し、14年衆院選を前にみんなの党は解党、維新の党は民主党と選挙協力した。

　15年夏には、自衛隊海外派兵の目的や武力行使権限を拡大する安全保障関連法案への反対運動を通じて維新の党・民主党・共産党は接近し、それに反発する橋下らはおおさか維新の会として独立し与党に接近、のち日本維新の会と改称した。

　民主党と維新の党は16年4月に合流、民進党と改称し、前年以来の共産党との関係を「野党共闘」に発展させ、7月の参院選では一人区の3分の1程度を獲得するようになったが、直後の都知事選挙で敗北すると岡田が代表退任、蓮舫が後任となる。しかし、17年に自民党を離党した小池百合子東京都知事が、旧日本新党、みんなの党、民進党の関係者も取り込んで都民ファーストの会を結成、7月の都議選で大勝すると、民進党代表は9月に前原誠司に交代した。

　同月の衆院選解散の際には、小池都知事が結成した希望の党に民進党議員の大半が合流し政権獲得も視野に入れたが失速、10月に枝野幸男ら一部の民主党議員が立憲民主党を結成し、民進党の基本政策や共産党との選挙協力を引き継いで、選挙後に野党第一党となった。希望の党は18年に国民民主党に衣替えし、翌19（令和元6）年の参院選前には小沢一郎の党をも吸収したが、20年に分党し、小沢ら大半の議員が立憲民主党に合流した。新たな立憲民主党には21年に社民党議員の大半も合流したが、10月の衆院選では議席が思うように伸びず、代表が枝野から泉健太に交代した。他方、都民ファーストの会が再度の国政進出を先送りしたことで、日本維新の会が再び増加した。22年の参院選でも、野党の多党化は続いた。

［吉田龍太郎］

主要参考文献

◆ 第1章

升味準之輔『幕末維新、明治国家の成立』（日本政治史1）東京大学出版会、1988年

藤田覚『天保の改革』（日本歴史叢書）吉川弘文館、1996年

松本健一『開国・維新』（日本の近代1）中央公論新社（文庫）、2012年

家近良樹『江戸幕府崩壊——孝明天皇と「一会桑」』講談社（学術文庫）、2014年

◆ 第2章

佐々木克『戊辰戦争——敗者の明治維新』中央公論新社（新書）、1977年

松尾正人『維新政権』（日本歴史叢書）吉川弘文館、1995年

笠原英彦『大久保利通』（幕末維新の個性3）吉川弘文館、2005年

勝田政治『廃藩置県——近代国家誕生の舞台裏』角川学芸出版（ソフィア文庫）、2014年

門松秀樹『明治維新と幕臣——「ノンキャリア」の底力』中央公論新社（新書）、2014年

◆ 第3章

小川原正道『西南戦争——西郷隆盛と日本最後の内戦』中央公論新社（新書）、2007年

笠原英彦『明治留守政府』慶應義塾大学出版会、2010年

御厨貴『明治史論集——書くことと読むこと』吉田書店、2017年

久保田哲『明治十四年の政変』集英社インターナショナル（新書）、2021年

久保田哲『図説 明治政府——日本人が求めた新しい国家体制とは』戎光祥出版、2021年

◆ 第4章

寺崎修『明治自由党の研究（上・下）』慶應通信、1987年

坂本一登『伊藤博文と明治国家形成——「宮中」の制度化と立憲制の導入』吉川弘文館、1991年

瀧井一博『ドイツ国家学と明治国制——シュタイン国家学の軌跡』ミネルヴァ書房、1999年

大石眞『日本憲法史〔第二版〕』有斐閣、2005年

御厨貴『明治国家をつくる——地方経営と首都計画』藤原書店、2007年

伊藤之雄『伊藤博文——近代日本を創った男』講談社、2009年

久保田哲『帝国議会——西洋の衝撃から誕生までの格闘』中央公論新社（新書）、2018年

◆ 第5章

原田敬一『日清・日露戦争』（シリーズ日本近現代史3）岩波書店（新書）、2007年

御厨貴『明治国家の完成』（日本の近代3）中央公論新社、2012年

御厨貴編『増補新版歴代首相物語』新書館、2013年

大谷正『日清戦争——近代日本初の対外戦争の実像』中央公論新社（新書）、2014年

簑原俊洋・奈良岡聰智編著『ハンドブック近代日本外交史——黒船来航から占領期まで』、ミネルヴァ書房、2016年

飯塚一幸『日清・日露戦争と帝国日本』、吉川弘文館、2016年

岡義武『明治政治史（下）』岩波書店（文庫）、2019年

◆ 第6章
横手慎二『日露戦争史——20世紀最初の大国間戦争』中央公論新社 (新書)、2005年
原田敬一『日清・日露戦争』(シリーズ日本近現代史3) 岩波書店 (新書)、2007年
有馬学『「国際化」の中の帝国日本』(日本の近代4) 中央公論新社、2013年
御厨貴編『増補新版歴代首相物語』新書館、2013年
簑原俊洋・奈良岡聰智編著『ハンドブック近代日本外交史——黒船来航から占領期まで』ミネルヴァ
　　書房、2016年
飯塚一幸『日清・日露戦争と帝国日本』、吉川弘文館、2016年
岡義武『明治政治史 (下)』岩波書店 (文庫)、2019年

◆ 第7章
犬塚孝明『明治外交官物語——鹿鳴館の時代』(歴史文化ライブラリー) 吉川弘文館、2009年
五百旗頭薫『条約改正史——法権回復への展望とナショナリズム』有斐閣、2010年
片山慶隆『小村寿太郎——近代日本外交の体現者』中央公論新社 (新書)、2011年
佐々木雄一『陸奥宗光——「日本外交の祖」の生涯』中央公論新社 (新書)、2018年

◆ 第8章
御厨貴編著『近現代日本を史料で読む——大久保利通日記から富田メモまで』中央公論新社、2011年
大山耕輔監修、笠原英彦・桑原英明編著『公共政策の歴史と理論』ミネルヴァ書房、2013年
伊藤之雄『元老——近代日本の真の指導者たち』中央公論新社 (新書)、2016年
伊藤之雄『大隈重信 (上) ——「巨人」が夢見たもの』中央公論新社 (新書)、2019年
伊藤之雄『大隈重信 (下) ——「巨人」が築いたもの』中央公論新社 (新書)、2019年
長妻三佐雄、植村和秀、昆野伸幸、望月詩史編『ハンドブック近代日本政治思想史——幕末
　　から昭和まで』ミネルヴァ書房、2021年
関口宏、保阪正康『関口宏・保阪正康のもう一度! 近現代史——戦争の時代へ』講談社、2021年
笠原英彦『歴代天皇総覧 ——皇位はどう継承されたか〔増補版〕』中央公論新社 (新書)、2021年

◆ 第9章
御厨貴編著『近現代日本を史料で読む——大久保利通日記から富田メモまで』中央公論新社、2011年
大山耕輔監修、笠原英彦・桑原英明編著『公共政策の歴史と理論』ミネルヴァ書房、2013年
伊藤之雄『元老——近代日本の真の指導者たち』中央公論新社 (新書)、2016年
長妻三佐雄、植村和秀、昆野伸幸、望月詩史編『ハンドブック近代日本政治思想史——幕末
　　から昭和まで』ミネルヴァ書房、2021年
清水唯一朗『原敬——「平民宰相」の虚像と実像』中央公論新社 (新書)、2021年
佐藤信之『鉄道と政治——政友会, 自民党の利益誘導から地方の自立へ』中央公論新社 (新書)、2021年
関口宏、保阪正康『関口宏・保阪正康のもう一度! 近現代史——戦争の時代へ』講談社、2021年

◆ 第10章

NHK取材班『日本人はなぜ戦争へと向かったのか（上）』NHK出版、2011年

中村隆英『昭和史（上）』東洋経済新報社（文庫）、2012年

井上寿一『政友会と民政党──戦前の二大政党制に何を学ぶか』中央公論新社（新書）、2012年

伊藤之雄『元老──近代日本の真の指導者たち』中央公論新社（新書）、2016年

川田稔『昭和陸軍七つの転換点』祥伝社（新書）、2021年

◆ 第11章

NHK取材班『日本人はなぜ戦争へと向かったのか（上）』NHK出版、2011年

中村隆英『昭和史（上）』東洋経済新報社（文庫）、2012年

井上寿一『政友会と民政党──戦前の二大政党制に何を学ぶか』中央公論新社（新書）、2012年

伊藤之雄『元老──近代日本の真の指導者たち』中央公論新社（新書）、2016年

川田稔『昭和陸軍七つの転換点』祥伝社（新書）、2021年

昭和14年08月29日「平沼内閣の退陣と新内閣への要望」内閣情報部作成『各種情報資料・情報』（国立公文書館所蔵）

◆ 第12章

石川真澄『戦後政治史』岩波書店（新書）、1995年

ダグラス・マッカーサー、津島一夫訳『マッカーサー回想記（下）』朝日新聞社、1964年

古川隆久『歴史エンタテインメント 昭和戦後史（上）──復興と挑戦』講談社、2006年

楠綾子『占領から独立へ──1945 – 1952』（現代日本政治史1）吉川弘文館、2013年

北岡伸一『日本政治史──外交と権力〔増補版〕』有斐閣、2017年

丹羽文生『評伝 大野伴睦──自民党を作った大衆政治家』並木書房、2021年

◆ 第13章

岸本弘一『国会議事堂は何を見たか──議会政治・激動の半世紀』PHP研究所、1986年

「月刊・自由民主」編集部『日本の進路を決めた男たち──自民党政権の三十年』太陽企画出版、1986年

石川真澄『戦後政治史』岩波書店（新書）、1995年

池田慎太郎『独立完成への苦闘──1952 – 1960』（現代日本政治史2）吉川弘文館、2012年

中島琢磨『高度成長と沖縄返還──1960 – 1972』（現代日本政治史3）吉川弘文館、2012年

丹羽文生『「日中問題」という「国内問題」──戦後日本外交と中国・台湾』一藝社、2018年

◆ 第14章

福永文夫編『第二の「戦後」の形成過程──1970年代日本の政治的・外交的再編』有斐閣、2015年

井出一太郎著、井出亜夫・竹内桂・吉田龍太郎編『井出一太郎回顧録──保守リベラル政治家の歩み』吉田書店、2018年

福永文夫『大平正芳──「戦後保守」とは何か』中央公論新社（新書）、2008年

五百旗頭真監修『評伝 福田赳夫──戦後日本の繁栄と安定を求めて』岩波書店、2021年

服部龍二『中曽根康弘──「大統領的首相」の軌跡』中央公論新社（新書）、2015年

神島二郎編『現代日本の政治構造』法律文化社、1985年
岡田一郎『日本社会党──その組織と衰亡の歴史』新時代社、2005年
及川智洋『戦後日本の「革新」勢力──抵抗と衰亡の政治史』ミネルヴァ書房、2021年

◆ 第15章
井出一太郎著、井出亜夫・竹内桂・吉田龍太郎編『井出一太郎回顧録──保守リベラル政治家の歩み』吉田書店、2018年
宮城大蔵編『平成の宰相たち──指導者一六人の肖像』ミネルヴァ書房、2021年
増田弘編『戦後日本首相の外交思想──吉田茂から小泉純一郎まで』ミネルヴァ書房、2016年
吉田健一『「政治改革」の研究──選挙制度改革による呪縛』法律文化社、2018年
佐々木毅編『政治改革1800日の真実』講談社、1999年
奥健太郎・黒澤良編『官邸主導と自民党政治──小泉政権の史的検証』吉田書店、2022年
中北浩爾『自民党政治の変容』NHK出版、2014
山口二郎・中北浩爾編『民主党政権とは何だったのか──キーパーソンたちの証言』岩波書店、2014年

歴代首相一覧

〔注〕「歴代内閣」（首相官邸Webページ）などを参考に作成。なお、氏名の後のカッコ数字は、
複数回内閣を組織したことを意味する。例：「伊藤博文（2）」＝「第2次伊藤博文内閣」。

代	氏 名	在任期間（西暦）		主な出来事
1	伊藤博文（1）	1885.12~88.04		1885.12：内閣制度が始まる。
2	黒田清隆	1888.04~89.10	明	1889.02：大日本帝国憲法発布。
3	山県有朋（1）	1889.12~91.05	治	1890.11：第1回帝国議会。
4	松方正義（1）	1891.05~92.08	時	1891.05：大津事件（来日中のロシア皇太子が警備警官により刺傷）。
5	伊藤博文（2）	1892.08~96.08	代	1894.08~95.04：日清戦争、04：下関条約。
6	松方正義（2）	1896.09~98.01		1897.10：金本位制を実施。
7	伊藤博文（3）	1898.01~98.06		1898.01：元帥府条例公布。
8	大隈重信（1）	1898.06~98.11		初の政党（憲政党）内閣（大隈首相、板垣内相）。
9	山県有朋（2）	1898.11~1900.10		1900.03：治安警察法、05：軍部大臣現役武官制。
10	伊藤博文（4）	1900.10~01.05		立憲政友会（1900.09結成、総裁伊藤）与党内閣。
11	桂太郎（1）	1901.06~06.01		1904.02~05.09：日露戦争。05.09：ポーツマス条約。
12	西園寺公望（1）	1906.01~08.07		1906.02：日本社会党結成、11：満鉄（南満州鉄道株式会社）設立。
13	桂太郎（2）	1908.07~11.08		1910.06．大逆事件。08．韓国併合。
14	西園寺公望（2）	1911.08~12.12		1912.07：「大正」に改元。
15	桂太郎（3）	1912.12~13.02		第一次護憲運動（憲政擁護運動）。
16	山本権兵衛（1）	1913.02~14.04	大	1914.01：シーメンス事件。
17	大隈重信（2）	1914.04~16.10	正	1914.08：第一次世界大戦に参戦。
18	寺内正毅	1916.10~18.09	時	1916.18：憲政会結成（総裁加藤高明）。／米騒動
19	原敬	1918.09~21.11	代	1918.08：シベリア出兵。20.05：鉄道省設置。
20	高橋是清	1921.11~22.06		1921.11~22.02：ワシントン軍縮会議。
21	加藤友三郎	1922.06~23.08		1922.07：日本共産党結成。
22	山本権兵衛（2）	1923.09~24.01		1923.09：関東大震災、12：虎ノ門事件。
23	清浦奎吾	1924.01~24.06		第二次護憲運動（憲政擁護運動）。

代	氏　名	在任期間（西暦）		主 な 出 来 事
24	加藤高明	1924.06~26.01	大正時代	1925.03：治安維持法成立、05：男子普選実施。
25	若槻礼次郎（1）	1926.01~27.04		1926.12：「昭和」に改元。27.03：金融恐慌。
26	田中義一	1927.04~29.07		1927.06：立憲民政党結成（総裁浜口雄幸）。
27	浜口雄幸	1929.07~31.04		1929.11：金解禁（世界恐慌の中で）。
28	若槻礼次郎（2）	1931.04~31.12	昭	1931.9：柳条湖事件（満州事変の始まり）。
29	犬養毅	1931.12~32.05		1931.12：金輸出再禁止。32.05：犬養首相暗殺（五・一五事件）。
30	斎藤実	1932.05~34.07	和	1933.03：国際連盟を脱退。34.04：帝人事件起きる。
31	岡田啓介	1934.07~36.03		1934.12：海軍軍縮条約破棄。36.02：陸軍でクーデター（二・二六事件）。
32	広田弘毅	1936.03~37.02	時	1936.05：軍部大臣現役武官制復活、11：日独防共協定。
33	林銑十郎	1937.02~37.06		1937.04：衆議院選挙で社会大衆党躍進（民政党,政友会に次ぎ第3党）。
34	近衛文麿（1）	1937.06~39.01	代	1937.07：盧溝橋事件（日中戦争始まる）。38.04：国家総動員法。
35	平沼騏一郎	1939.01~39.08		1939.05-09：満蒙国境でソ連軍と交戦,日本軍大敗（ノモンハン事件）。
36	阿部信行	1939.08~40.01		1939.09：ドイツ,ポーランドに侵攻（第二次世界大戦の始まり）。
37	米内光政	1940.01~40.07		1940.02：民政党・斎藤隆夫議員,軍部を強く批判（反軍演説）。
38	近衛文麿（2）	1940.07~41.07		1940.09：日独伊三国同盟、10：大政翼賛会結成（政党の解散）。
39	近衛文麿（3）	1941.07~41.10		1941.07：日本軍,フランス領インドシナ南部へ侵攻（南部仏印進駐）。
40	東条英機	1941.10~44.07		1941.12：日本軍,ハワイ真珠湾を攻撃（太平洋戦争の始まり）。
41	小磯国昭	1944.07~45.04		1944.07：サイパン島の日本軍壊滅。以後,米軍の日本空襲激化。
42	鈴木貫太郎	1945.04~45.08		1945.08：広島・長崎に原爆,ソ連対日参戦。日本,ポツダム宣言受諾。
43	東久邇宮稔彦王	1945.08~45.10		1945.09：降伏文書に調印,連合軍（主に米軍）による占領始まる。
44	幣原喜重郎	1945.10~46.05		1945.10：GHQ,財閥解体・農地改革などを指令。女性賛成権確立。
45	吉田茂（1）	1946.05~47.05		1946.11：日本国憲法公布（47.05施行）。
46	片山哲	1947.05~48.03		1947.09：労働省設置（初代大臣・米窪満亮は海員組合出身の社会党議員）。
47	芦田均	1948.03~48.10		1948.09：昭和電工事件（昭電疑獄）で政・官界に逮捕者続出。
48	吉田茂（2）	1948.10~49.02		1948.11：極東国際軍事裁判判決（A級戦犯23名のうち7名死刑）。
49	吉田茂（3）	1949.02~52.10		1951.09：連合国との平和条約、及び日米安保条約、調印。
50	吉田茂（4）	1952.10~53.05		1953.02：吉田首相,社会党・西村栄一議員に「バカヤロー」発言。
51	吉田茂（5）	1953.05~54.12		1954.07：防衛庁設置、自衛隊発足。

代	氏名	在任期間（西暦）		主な出来事
52	鳩山一郎（1）	1954.12~55.03		1955.02：衆議院総選挙で、初のテレビによる開票速報。
53	鳩山一郎（2）	1955.03~55.11		1955.10：社会党再統一、11：自由民主党結成（55年体制）。
54	鳩山一郎（3）	1955.11~56.12	昭	1956.10：日ソ共同宣言、12：日本、国際連合に加盟。
55	石橋湛山	1956.12~57.02	和	1957.02：石橋首相、在任2カ月で脳梗塞療養のため退任。
56	岸信介（1）	1957.02~58.06	時	1957.02：首相臨時代理の岸が、石橋の指名で首相就任。
57	岸信介（2）	1958.06~60.07	代	1960.01：日米新安保条約調印。／「安保反対」闘争激化。
58	池田勇人（1）	1960.07~60.12		1960.09：池田首相、所得倍増計画を発表。
59	池田勇人（2）	1960.12~63.12		1961.11：公明政治連盟誕生（64年結成の公明党の前身）。
60	池田勇人（3）	1963.12~64.11		1964.04：OECDに加盟、10：東京オリンピック開催。
61	佐藤栄作（1）	1964.11~67.02		1965.06：日韓基本条約調印。
62	佐藤栄作（2）	1967.02~70.01		1967.08：公害対策基本法施行（93：環境基本法に伴い廃止）。
63	佐藤栄作（3）	1970.01~72.07		1970.03：大阪万博開催。72.05：沖縄返還（米国から）。
64	田中角栄（1）	1972.07~72.12		1972.09：日中共同声明（国交正常化）。
65	田中角栄（2）	1972.12~74.12		1973.02：円、変動相場制へ移行、10：石油危機（オイルショック）。
66	三木武夫	1974.12~76.12		1976.02：ロッキード事件問題化（76.07：田中前首相、逮捕）。
67	福田赳夫	1976.12~78.12		1978.08：日中平和友好条約調印。
68	大平正芳（1）	1978.12~79.11		1979.06：先進国首脳会議、日本で初開催（東京サミット）。
69	大平正芳（2）	1979.11~80.06		1980.06：初の衆参同口選挙で自民党圧勝（大平首相急逝直後）。
70	鈴木善幸	1980.07~82.11		1981.03：第2次臨時行政調査会発足（会長土光敏夫）。
71	中曽根康弘（1）	1982.11~83.12		1983.06：参議院選挙で、比例代表制（拘束名簿式）を初めて導入。
72	中曽根康弘（2）	1983.12~86.07		1985.04：NTT（旧・日本電電公社）、JT（旧・日本専売公社）が発足。
73	中曽根康弘（3）	1986.07~87.11		1987.04：国鉄が分割・民営化（JRグループ発足）。
74	竹下登	1987.11~89.06		1988.06：リクルート事件発覚。89.01：「平成」に改元。
75	宇野宗佑	1989.06~89.08	平	1989.07：参議院選挙で日本社会党（委員長土井たか子）が躍進。
76	海部俊樹（1）	1989.08~90.02	成	1989.11：「連合」（日本労働組合総連合会）結成。／バブル景気。
77	海部俊樹（2）	1990.02~91.11	時	1991.04：海上自衛隊の掃海部隊、ペルシャ湾へ（初の海外派遣）。
78	宮沢喜一	1991.11~93.08	代	1992.06：PKO協力法（国際連合平和維持活動等に対する協力に関する法律）成立。
79	細川護熙	1993.08~94.04		1993.08：非自民で連立内閣。94.03：小選挙区比例代表並立制導入。

代	氏　名	在任期間（西暦）		主 な 出 来 事
80	羽田孜	1994.04～94.06		1994.04：社会党離脱の非自民連立内閣。94.06：松本サリン事件。
81	村山富市	1994.06～96.01	平	1994.06：自民・さきがけ・社会3党連立内閣。95.01：阪神淡路大震災。
82	橋本龍太郎（1）	1996.01～96.11	成	1996.01：社会党が社民党に改称。96.09：民主党結成。
83	橋本龍太郎（2）	1996.11～98.07	時	1997.04：消費税が3%から5%に増税、12：介護保険法制定。
84	小渕恵三	1998.07～2000.04	代	1999.07：地方分権一括法成立、10：公明党、政権参加。
85	森喜朗（1）	2000.04～00.07		2000.07：沖縄サミット（主要国首脳会議）。
86	森喜朗（2）	2000.07～01.04		2001.01：中央省庁再編（1府22省庁から1府12省庁へ）。
87	小泉純一郎（1）	2001.04～03.11		2002.09：北朝鮮で日朝初の首脳会談。03.06：有事関連法成立。
88	小泉純一郎（2）	2003.11～05.09		2004.01：陸上自衛隊イラク国内到着（戦地への初の自衛隊派遣）。
89	小泉純一郎（3）	2005.09～06.09		2005.10：郵政民営化関連法案成立。
90	安倍晋三（1）	2006.09～07.09		2006.12：教育基本法、全面改正。
91	福田康夫	2007.09～08.09		2008.06：秋葉原無差別殺傷事件（7人死亡、10人重軽傷）。
92	麻生太郎	2008.09～09.09		2008.12：被害者参加制度導入（刑事裁判に遺族などが出席、質問可）。
93	鳩山由紀夫	2009.09～10.06		2009.08：衆議院選挙で民主党大勝、09：民主・社民・国民新で連立内閣。
94	菅直人	2010.06～11.09		2010.07：参議院選挙で民主党惨敗。11.03：東日本大震災。
95	野田佳彦	2011.09～12.12		2012.08：消費増税法案成立（段階的な引き上げを決定）。
96	安倍晋三（2）	2012.12～14.12		2012.12：衆議院選挙で自民党大勝。13.12：特定秘密保護法公布。
97	安倍晋三（3）	2014.12～17.11		2015.09：安全保障関連法案成立。16.07：相模原障害者施設殺傷事件。
98	安倍晋三（4）	2017.11～20.09		2018.01：オウム真理教事件の一連の刑事裁判終結。19.05：「令和」に改元。
99	菅義偉	2020.09～21.10	令和時代	新型コロナウイルス感染が広がり、社会・経済に大きな影響。
100	岸田文雄（1）	2021.10～21.11		2021.09：自民党新総裁誕生、10月：国会首相指名、同月衆院解散（最短内閣）。
101	岸田文雄（2）	2021.11～		2022.07：参議院選挙で自民党勝利。投票日2日前、安倍元首相銃殺される。

索 引

〔注〕主な人名・用語などを50音順（アルファベットはローマ字読みで50音順）に掲載しました。

索引

140

《執筆者紹介》（順不同）

門松 秀樹（かどまつ・ひでき）［第1・第2・第7章担当］
　　　1974年生まれ
　　　慶應義塾大学大学院法学研究科政治学専攻後期博士課程単位取得退学、博士（法学）
　　　現在　東北公益文科大学公益学部准教授
　　　専攻　日本政治論、日本政治史・行政史
　　　著書・論文
　　　　『開拓使と幕臣──幕末・維新期の行政的連続性』（単著：慶應義塾大学出版会、2009年）
　　　　『明治維新と幕臣──「ノンキャリアの底力」』（単著：中央公論新社〔新書〕、2014年）
　　　　『侠の歴史　日本編（下）』（共著：清水書院、2020年）
　　　　『現代行政学の基礎知識』（共著：一藝社、2021年）など

久保田 哲（くぼた・さとし）［第3・第4章担当］
　　　1982年生まれ
　　　慶應義塾大学大学院法学研究科後期博士課程単位取得退学、博士（法学）
　　　現在　武蔵野学院大学国際コミュニケーション学部教授
　　　専攻　近現代日本政治史
　　　著書・論文
　　　　『元老院の研究』（単著：慶應義塾大学出版会、2014年）
　　　　『帝国議会──西洋の衝撃と誕生までの格闘』（単著：中央公論新社〔新書〕、2018年）
　　　　『明治十四年の政変』（単著：集英社インターナショナル〔新書〕、2021年）
　　　　『図説 明治政府──日本人が求めた新しい国家体制とは』（単著：戎光祥出版、2021年）など

後藤 新（ごとう・あらた）［第5・第6章担当］
　　　1977年生まれ
　　　慶應義塾大学大学院法学研究科後期博士課程単位取得退学、修士（法学）
　　　現在　武蔵野大学法学部准教授
　　　専攻　政治学、近代日本政治史
　　　著書・論文
　　　　『ハンドブック近代日本外交史──黒船来航から占領期まで』（共著、ミネルヴァ書房、2016年）
　　　　「台湾出兵の一考察──副島種臣全権大使の清国派遣を中心として」（『武蔵野法学』第12号、2020年）
　　　　「近代日本における禁酒運動──1890年東京禁酒会の設立まで」（『法政論叢』第55巻第1号、2019年）
　　　　「台湾出兵の終幕──大久保利通と西郷従道の帰国を中心として」（『武蔵野法学』第7号、2017年）
　　など

福沢 真一（ふくざわ・しんいち）［第8・第9章担当］
　　　1972年生まれ
　　　慶應義塾大学大学院法学研究科博士課程単位取得退学、修士（法学）
　　　現在　常磐大学総合政策学部教授
　　　専攻　政治学、近現代日本政治史、警察史、都市計画史
　　　著書・論文
　　　　　『日本行政史』（共著：慶應義塾大学出版会、2010年）
　　　　　『公共政策の歴史と理論』（共著：ミネルヴァ書房、2013年）
　　　　　「大正・昭和期の『建築警察』と都市計画行政──警察行政と都市計画行政の連携を
　　　　　めぐる『課題』」（日本法政学会『法政論叢』第45巻第2号、2009年）など

半田 英俊（はんだ・ひでとし）［第10・第11章担当］
　　　1974年生まれ
　　　慶應義塾大学法学部政治学科卒業
　　　杏林大学大学院国際協力研究科博士課程単位取得退学、博士（学術）
　　　現在　杏林大学総合政策学部准教授
　　　専攻　政治学、近代および現代日本政治史
　　　著書・論文
　　　　　『明治外債史の研究』（単著：一藝社、2022年）
　　　　　『政治学入門』（共著：一藝社、2020年）
　　　　　『政治学・行政学の基礎知識〔改定第4版〕』（共著：一藝社、2021年）
　　　　　「西園寺公望とオーストリア特命全権公使」（『杏林社会科学研究』第35巻第2号、2019年）など

丹羽 文生（にわ・ふみお）［第12・第13章担当］
　　　1979年生まれ
　　　東海大学大学院政治学研究科博士課程後期単位取得満期退学、博士（安全保障）
　　　現在　拓殖大学政経学部教授
　　　専攻　政治学、日本外交史
　　　著書・論文
　　　　　『評伝 大野伴睦──自民党を作った大衆政治家』（単著：並木書房、2021年）
　　　　　『「日中問題」という「国内問題」──戦後日本外交と中国・台湾』（単著：一藝社、2018年）
　　　　　『第二次安倍政権の光と影』（共著：志學社、2021年）
　　　　　『政治学入門』（共著：一藝社、2020年）ほか多数

吉田 龍太郎（よしだ・りゅうたろう）［第14・第15章担当］
　　　1985年生まれ
　　　慶應義塾大学法学部法律学科・同政治学科卒業
　　　慶應義塾大学大学院法学研究科後期博士課程単位取得、博士（法学）
　　　現在　慶應義塾大学講師
　　　専攻　政治学、近現代日本政治史・言論史
　　　著書・論文
　　　　　Rethinking the San Francisco System in Indo-Pacific Security（共著：Palgrave Macmillan、2022年）
　　　　　『鳩山一郎とその時代』（共著：平凡社、2021年）
　　　　　『政治学入門』（共著：一藝社、2020年）
　　　　　『井出一太郎回顧録』（共編著、吉田書店、2018年）など

装丁 ─── アトリエ・タビト

編集協力 ─── 長谷川正和

図版作成 ─── 一藝社編集部

日本政治史入門

2022年9月20日　　初版第1刷発行

著　者　門松秀樹
　　　　久保田哲
　　　　後藤　新
　　　　福沢真一
　　　　半田英俊
　　　　丹羽文生
　　　　吉田龍太郎

発行者　菊池公男
発行所　株式会社 一藝社
　　　　〒160-0014 東京都新宿区内藤町1・6
　　　　TEL.03-5312-8890
　　　　FAX.03-5312-8895
　　　　振替　東京　00180-5-350802
　　　　e-mail：info@ichigeisha.co.jp
　　　　website：//www.ichigeisha.co.jp

印刷・製本　モリモト印刷株式会社

政治学・行政学の基礎知識 [改定第4版]

堀江 湛・加藤秀治郎◆編

新しい時代に対応して、ますます密接な関係になりつつある政治学・行政学の両分野を1冊に収録。政治と行政、それぞれについて、新しい視点から現状を展望。第4版では全体的な見直しを行うとともに、平易な記述で基礎的事項を体系的に解説。特に難しいと思われる用語も「サブ・テーマ」「コラム」などで増補した。

A5判　並製　392頁　定価（本体2,600円＋税）　ISBN 978-4-86359-243-8

政治学入門

増田 正・丹羽文生・半田英俊・
島村直幸・吉田龍太郎・加藤秀治郎
著

中堅・新進気鋭の研究者が中心となり、基礎的な事柄をできるだけやさしく説いた入門書。

A5判　並製　182頁　定価（本体2,400円＋税）　ISBN 978-4-86359-226-1

「日中問題」という「国内問題」
── 戦後日本外交と中国・台湾 ──

丹羽文生◆著

元防衛大臣・森本敏氏推薦。今日の日中関係、日台関係の起点を検証した意欲的な研究。1960年代、「2つの中国」問題が、日本にとって大きな政治問題となり始めた池田勇人内閣から、「日中共同声明」調印が成った田中角栄内閣初期までの、およそ12年間──この間の日中国交正常化と、それに伴う台湾との断交の政治過程を詳論。

A5判　上製　304頁　定価（本体7,500円＋税）　ISBN 978-4-86359-162-2

明治外債史の研究

半田英俊◆著

日本が明治期に発行した「外債」（外国で発行した債券）について、時代ごとの政治状況、関連人物の動向等を踏まえつつ、詳細に分析した労作。鉄道をはじめ近代化に必須の社会インフラ整備のための財源、また禄制の廃止により企図した財政健全化の財源として募集された外債は、やがて対露戦争のための膨大な軍事費のために調達されてゆく。

A5判　並製　198頁　定価（本体3,200円＋税）　ISBN 978-4-86359-253-7